ETHEM EMİN NEMUTLU

KADER GAYRETE ÂŞIKTIR

Kader Gayrete Âşıktır
Ethem Emin Nemutlu

© 2023, Olimpos Yayınları

Editör: Ezgi Bilgi Altınay
Düzelti: Peri Dinçer
Sayfa Tasarımı: Fatma Can Yıldırım
Resimleyen: Elif Yavuz Mutlu

1. Baskı: Ocak 2023
ISBN: 978-605-2063-99-6

Bu kitabın Türkçe yayın hakları Olimpos Yayıncılık San. ve Tic. Ltd. Şti'ye aittir. Yayınevinden izin alınmadan kısmen ya da tamamen alıntı yapılamaz, hiçbir şekilde kopya edilemez, çoğaltılamaz ve yayımlanamaz.

OLİMPOS YAYINLARI
Maltepe Mah. Davutpaşa Cad. Yılanlı Ayazma Yolu No:8 K:1 D:2
Davutpaşa / İstanbul
Tel: (0212) 544 32 02 (pbx) Sertifika No: 42056
www.olimposyayincilik.com - info@olimposyayinlari.com

Genel Dağıtım: YELPAZE DAĞITIM YAYIN SANAT PAZARLAMA
Maltepe Mah. Davutpaşa Cad. Yılanlı Ayazma Yolu No:8 K:1 D:2
Davutpaşa / İstanbul
Tel: (0212) 544 46 46 Fax: (0212) 544 87 86
info@yelpaze.com.tr

Baskı: KA BASIM
Topkapı Mahallesi Topkapı Maltepe Cad. Çaycılar İş Hanı
No: 15 Kat: 4 Zeytinburnu/ İstanbul Sertifika No: 44064

ETHEM EMİN NEMUTLU

KADER GAYRETE ÂŞIKTIR

olimpos

Hazırsanız başlayalım...

Yedi yüz kişilik devasa konferans salonu ağzına kadar dolup taşmıştı; hatta yer kalmadığı için merdivenlerde oturanlar ve ayakta bekleyenler de vardı. Balkon kısımları ise tekerlekli sandalye ile gelenlere ayrılmıştı.

Tezahürat sesleri yükseliyordu: "HADİ HADİ HADİ..."

Sahnede küçücük bir kıpırdanma olsa sesler hemen kesiliyordu.

Birazdan konuşmayı yapacak kişiyi öyle heyecanlı bekliyorlardı ki, insan baktığında büyük bir popstar bekliyorlar sanırdı; gözlerdeki mutluluk, gülümseyen yüzler, sabırsızlık havası, fısıldaşmalar, dakika saymalar...

Ve nihayet, bekleyenler için o an gelmiş gibiydi. Elinde kâğıtlarla sunucu sahnede göründü. Bir anda tüm salon sessizliğe büründü. Işıklar yarı yarıya azaltılıp bembeyaz bir projeksiyon sahnenin tam ortasını aydınlatmaya başladı.

Sunucu, elindeki kâğıtları sadece prosedür gereği almış gibi hiç kâğıtlara bakmadan, "Bugün burada hepimiz iyilikle dolu bir insanı gururlandırmak için toplandık. Çok erken bir saatte toplanmamızın sebebi kendi isteğidir, bunu başta hatırlatmak isterim çünkü sizlere ve bizlere anlatacağı çok uzun bir hikâye olduğunu dile getirdi, biz de ona göre hazırlık yaptık. Genç yaşına rağmen hayatla mücadelemizde bize destek oldu ve bunu sadece iyilik adına yaptı. Herkes benim gibi düşünüyordur, değil mi?"

Alkışlar... Yoğun bir alkış...

Sunucu elini kaldırdı, alkışların ardından salona sessizlik hâkim olduğunda devam etti.

"Şahsen kendisini sahne arkasında gördüm. Daha önce gazetelerde ya da haberlerde ismine rastlamama rağmen resmini görmemiştim. Öyle bir heyecana şahit oldum ki hepimizden fazla! Ayakta bile duramıyor, elleri titriyor. Bunları söylemek istiyorum çünkü GÜCÜNÜN FARKINDA OLMASINA RAĞMEN MÜTEVAZILIKTAN ERİYORDU!

Engelliler hakkında yaptığı projeler kısa sürede dünya çapında ses getirmeyi başardı. Bugüne kadar, tam sayı bilinmese de, vesile olduklarını sayamasak da, saymasa da, dünya genelinde 1100 kardeşimizin protezine kavuşmasını sağladı. 21.000 kardeşimize ise tekerlekli sandalye hediye etti."

Artık kâğıda bakma zamanının geldiğini düşünerek kâğıdı çeviren sunucu, "Sizi daha fazla heyecanlandırmak ve bekletmek istemiyorum. Dünyanın, engelliler adına kurulan ilk fabrikasına sahip olsa da tüm mal varlığını engellilere destek için harcasa da aslında bugün burada olmamızın sebebi bunlar değil ve çoğumuz belki de onun sayesinde yaşama tekrar bağlanma yolunu bulabildik. Vücudunda bulunan engel yüzünden toplumda hayat dışına itilmek zorunda kalanlarımız oldu; ama anladık ki kötü düşünceler olduğu kadar iyi düşünceler de var! Yolumuza çıkan engelleri nasıl aşacağımızı küçücük bir destekle bize gösterebilen bu insana öncelikle teşekkür ediyorum. Ve son olarak, onu sahneye davet etmeden önce benden rica ettiği şeyi size iletmek istiyorum. Sahneye çıkarken kesinlikle alkış istemiyor. Alkışı annesi ve babası için isteyeceğini, çıkar çıkmaz onları yanına davet edeceğini söyledi. Ve karşınızda Erkut..."

Sunucunun son söyledikleri salona o kadar anlam kattı ki herkes sessizlik içinde, tek bir alkış veya fısıldama dahi olmadan bekledi.

Usul usul, yavaş yavaş yürümesi heyecanının net göstergesiydi, sahnenin tam ortasına geldiğinde, "Herkese geldiği için teşekkür ederim. Alkışınızı istemedim çünkü o alkışı hak edenler aslında benim ailemdir. Yanımda olmasalardı başaramazdım, biliyorum. Öncelikle size onları takdim etmek isterim. En güzel iyiliklere sebep olan ANNEM VE BABAM."

Eliyle merdivende oturan iki kişiyi gösterdi; yer olmadığı için orada oturan, mütevazı giyimli iki güzel insan...

O anda alkışlar bir çığ gibi büyüdü ve üç dört dakika boyunca hiç durmadı.

Anne ve babası sahneye çıkmasına rağmen devam eden o alkışın verdiği his, Erkut'ta tüm iyiliklerin karşılığıydı...

**KARŞILIKSIZ İYİLİK YOKTUR,
HER İYİLİK KARŞILIĞINI ER GEÇ BULUR.**

Sunucu arkadan, el hareketleriyle alkışın durması gerektiğini gösteren işaretler yapıyordu ve alkışlar sonunda azaldı.

Erkut mikrofonu annesine uzatmak istediğinde, annesinin iç çekerek ağladığını görünce hemen vazgeçti ve babasına uzattı.

Zaten o sırada Erkut da iyi değildi.

Babası mikrofonu eline aldı. "Senin gibi birini yetiştirebildiğimiz için çok şanslıyız. Sen bizlere dünyaya iyilikler bırakabilme imkânı ve fırsatı verdin. Varmış bir yardım elimiz bizim; sen bunu bize gösterdin. Engelin zihinde başladığını sen öğrettin. İyi ki varsın. Daha fazla konuşamayacağım sanırım." deyip mikrofonu hemen geri uzattı. Kolunu oğlunun boynuna atarak ağlamaya başladı. Sevgi gösterince salondan utanarak hemen kolunu çekti geri. Anne ve babasının ellerini öptükten sonra onları yerlerine doğru uğurladı ve oturmalarına kadar bekledi.

"Bir su alabilir miyim?" diye sunucuya seslendi.

Sunucu durumu fark edip, koşarak su getirdi. Mikrofonu eline aldı.

"Buradaki herkesin bir hikâyesi var. Erkut Bey bugüne kadar bizim hikâyelerimize destek olmaya çalıştı fakat sizin hikâyenizi, sizi bu iyilikler denizinde iyi bir kaptan olmaya iten sebebi kimse bilmiyor. Sanıyorum bugün burada olmamızın ve hikâyenizin uzun olmasının sebebi de bu."

O an Erkut toparlandı ve mikrofonu aldı eline. "Evet evet. Bugün size anlatmak istediğim tam olarak budur fakat anlatmaya en baştan başlayacağım bu hikâye yıllar öncesine hatta çoğumuzun hayatta olmadığı bir döneme ait. Fakat bu hikâyedir benim hayalim, bu hikâyedir benim örnek aldığım...

Zamanın birinde, hangi zamanda olduğunun bir önemi yok, evlatlarına bile sevgi besleyememiş; toprak, mal mülk bakımından çok zengin ama sevgi bakımından bir o kadar fakir bir adam, ağaların ağası Ali Ağa..."

***

"O, dünyanın en gaddar babası!"

"Sus Deniz, duyar gelir bak!"

"Duyarsa duysun, Merve. Dayanamıyorum anlasana, bu nasıl bir baba!"

Merve, elini Deniz'in kafasına götürerek sıvazladı. "Sakin ol."

"Çok mu kanıyor, Merve?"

"Sararım şimdi, sen sakin ol az."

İçeriye koşa koşa giden Merve, elinde sıcak su ve sargı beziyle geri döndü. Deniz'in alnındaki kanı güzel ve yavaşça, sevgi göstermek isteğiyle silmeye başladı. Düşünceler beynini yese de kardeşine çaktırmıyordu çünkü babasının derdi, artık evlenme çağına gelen kızlarını evlendirmekti. İki kardeş de babaları kimi seçerse onunla evlenmek zorundaydı.

Deniz bugün itiraz etmeye kalkmıştı. Sert bir tokat yiyerek sehpanın köşesine alnını çarpınca alacağı cevabı almıştı. Kendi fikirlerini söylediklerinde bunun itiraz sayılacağını biliyorlardı. İtiraz etmek ölümden daha beter bir seçenekti onlar için. İsyan etmek yerine ölmeyi tercih edecek iki kız kardeş... Ki babanın gözünde de öyle. O, ağa ya! İsyan etmek demek ölmeyi hak etmek demekti!

İçeriden tekrar bir ses yükseldi, "Ben Ali Ağa'yım, Ali! Benim sözümün üstüne kimse söz söyleyemez. Kimse! Duydunuz mu?"

Tak! Kapı çarptı. Atına binen ağa(!) uzaklaştı.

Kızlar, anneleri vefat ettiğinden beri, her yeri el oyması ihtişamıyla dolu, her odanın ayrı ayrı zenginlik taşıdığı o koskocaman üç katlı konakta mahsur yaşıyordu. Tek bir arkadaşları dahi olmamıştı çünkü yasaktı. Okula gönderilmemişlerdi çünkü yasaktı. Ali Ağa kızlarla dış dünya arasına öyle bir görünmez duvar örmüştü ki ne dışarı çıkabiliyorlar ne içeri girebiliyorlardı.

"Artık ölsem de kurtulsam diyorum ya abla!"

"Tövbe de hemen, Deniz."

Tövbe dedikten sonra Deniz'in saçını hafifçe çekip duvara vurdu; annesinden öğrenmişti bunu. Ağlamasını durdurmak için avutmaya çalışsa da ağlamak bulaşıcı bir duygudur; kardeşine sarıldı ve ağlamaya başladı. Bu iki kardeşin ağlamaları meşhurdur, ne kadar süre ağladıklarına dahi bakmazlar. O kadar zaman geçmiş olmalı ki bahçeden atın sesini tekrar duydular. Bunun üzerine hemen toparlandılar. Ali Ağa eve geldiyse kapıda karşılamaları gerekiyordu! Deniz'in kafasındaki kuruyan sargı bezini çıkarıp kenara attılar. Koşar adım kapıya gittiler. Merve atı dizginledi, Deniz babasının attan inmesine yardım etti.

İçeri girdiklerinde Merve hemen söylenmeye başladı. "Babamızın bütün köylerde dillere destan bir kötülüğü var ama yine de bizimle evlenmek isteyen bir kişi çıkıyor, anlamıyorum. Yine birine bakmaya gitti bence!"

"Abla gerçekten ben de anlamıyorum. Allah'tan kimseyi kendine layık görmüyor da birinin başını yakmıyor."

"Hadi hadi, söylenmeyi bırak. Sofrayı kuralım da laf yemeyelim."

"Ya da tokat değil mi abla?"

Bahçedeki çardağa sofra kurulmaya başlandı. Ali Ağa beş çeşit yemek isterdi. Her ay düzenli olarak kesilen hayvanlardan özel besinler, doğal ürünler olmazsa olmazı. Öyle ki tüm köylerde bu sofranın zenginliği ve Ali Ağa'nın parası hesaplanmaya çalışılırdı.

Sofrayı kuranlara kızlar da yardım etti ve sofra kuruldu. Sofrada matemi yırtan bir ses duyuluyordu, Ali Ağa'nın ağzından çıkan sesler: ŞAP ŞAP ŞAP!

Yemek bitince de ağzından bir cümle çıktı: "Ayın yedisinde misafirler seni istemeye gelecek."

Hangisine söylediğini ikisi de anlamadı. Başlarını biraz doğrulttuklarında Ali Ağa'nın Deniz'e baktığını gördüler.

"Ertesi gün de düğün olacak. Ona göre!"

Düğün, kiminle? Nasıl yani? Deniz nerede yaşayacaktı? Artık Merve ne yapacaktı? Unutma dostum, soru sormak yasaktı. Soru sormak isyandır, isyansa ölüm (gibi bir dayak).

Ve sustular. Deniz de mutlu olmuş gibi gözlerinde küçük bir parıltı gösterdi fakat bu parıltı gözyaşlarını tutması sonucu oluşan göz dolmasından başka bir şey değildi.

Babalarının uyumasını beklediler ve sabaha kadar birbirlerine içlerini döktüler. Bu evlilik yüzünden birbirlerinden ayrılacaklardı. Bu yaşa kadar sadece ve sadece, tek arkadaşları birbirleriydi.

"Sen benim tek arkadaşımsın, Merve. Tek." Şimdi Deniz'e deniz olma vakti deyip gözyaşlarını akıttı...

Merve teselli etmeye çalışsa da bazen bütün teselliler boşadır. Deniz durumu kabullenmek zorundaydı çünkü onun için babasının istekleri bir zorunluluktu. Evlenecekti.

***

"Konuyu burada bölüyorum." diye seslendi dinleyicilere Erkut.

"Sıkmıyorum sizi, değil mi? Uzun bir hikâye olduğunu başta söylemiştim. Herkesten erken gelmesini ve vakit ayarlamasını rica etmemin sebebi, benim içime dokunan bu hikâyeyi baştan sona size anlatmak istememdi. Mola verebiliriz." dediğinde tüm salon hep bir ağızdan, "Hayıııııııır!" diye seslendi ve Erkut'un yüzündeki tebessüm bir ışık gibi tüm salona doluverdi. "Devam o zaman." diyerek hikâyeyi kaldığı yerden anlatmaya başladı.

***

Sabah olduğunda konağın kapısına orta yaşlarda, eşyalarla dolu üç dört tane at arabasıyla bir kadın geldi. Bu, kızlar için hazırlanan çeyizdi. İki kız kardeş gördüklerine inanamadı. Yıllarca zenginlik içinde sefalet yaşamışlardı fakat konu Ali Ağa'nın şanına geldiğinde olay değişiyordu tabii!

İpek kumaşlar, mis gibi kokan sabunlar, havlular, gelinlikler, giysiler, pijamalar… İki kişi için değil, onlarca kişi için hazırlanmış bir çeyiz gibiydi âdeta.

Ne kadar zorla da olsa o gelinliği görünce Deniz hemen duvağı alıp başına taktı.

"Yakıştı mı abla?"

"Sen ne diyorsun, gördüğüm en güzel gelin oldun!"

"Sanki çok gelin gördün ya abla."

Babaları kızları bir kez düğüne götürmüştü ama köyün delikanlıları onlara göz koydu diye bir daha asla tekrarlanmadı. Yasaktı! Yine de bu, Deniz'in su gibi bir güzelliğe sahip olduğunu değiştirmiyordu. Zaten bu yüzden önce Deniz'i evlendirmeye çalışıyordu Ali Ağa. Ablasına nazaran çok daha alımlı bir kızdı. Onu gören tekrar tekrar bakabilir ve bu durum gün geçtikçe sıkıntı yaratmaya başlayabilirdi.

"Deniz, ablacığım, hiç merak etmiyor musun?"

"Neyi abla?"

Çeyizleri düzülmüş olsa da ikisi de çocuk sayılacak derecede küçüklerdi.

"Kocan nasıl biri acaba?"

"Bilmiyorum ki abla. Ne hissettiğimi dahi bilmiyorum ama inşallah deniz gibi masmavi gözleri vardır. Ha, bir de temiz koksun isterim. Bıyıkları da olmasın, kâfi."

Merve ellerini havaya kaldırdı ve kocaman bir âmin çekti. Deniz'in yüzüne sürdü. Annesinden öğrenmişti.

Zaman çabuk geçmesiyle bilinir ve o gün geldi çattı bile. Hayat kısadır, bilirsin dostum. Gelmemesi gereken zaman hemen gelir.

İstemeye geldiler Deniz'i. Bu sözde istemede kahveyi götürme işini bile Deniz yapmadı. Düşünsene, babanız tarafından evleneceğin kişiye veriliyorsun, o kişiyi daha önce hiç görmemişsin ve belki, o da seni! Yine de isteme öncesi bir şey olmuştu, Deniz pencere kenarından bakarken o çocuğu görmüştü. Kim o çocuk, biliyor musun? Bir düğüne gittiğinde köyün serseri delikanlıları arasında gördüğü ve Deniz'e durmadan bakan mavi gözlü çocuk...

Deniz evleneceği kişi o çocuk olsun diye dualar etti ama o değildi. O, aileyi getiren at arabasını süren kişiydi...

Evde ne düğün havası ne cenaze havası vardı; garip bir ambiyans hâkimdi. Merve'nin kardeşi evleniyordu fakat Merve'de bir ölüm sessizliği vardı.

İmam nikâhı kıyan hoca duanın bitiş kısmına geçti. Odada bulunan beş altı kişinin hep birlikte ellerini havaya kaldırıp yüzüne sürmesiyle ve hep bir ağızdan âmin demesiyle bitmişti bu iş. Deniz, daha görmediği kişinin imam nikâhlı eşiydi artık...

Deniz avucundaki kına kokusunu içine çekerek, başını yerden kaldırmadan kendisini almaya gelen kadının koluna girdi ve üst kata, kadınların toplandığı yere doğru gitti. O sırada Merve'yi görür görmez, "Abla abla, nasıl, yakışıklı mı? Gözleri mavi mi?"

Nikâh kıyılırken damat yanlarında olsa da ne Merve ne Deniz göz ucuyla baktılar. Ali Ağa korkusu içlerine bir fil gibi oturmuştu; kalkmıyordu, gitmek bilmiyordu.

Merve tepsiyi bıraktı. Deniz'in duvağını düzeltir gibi yaparak, "Sen merak etme, birazdan bakacağım ve sana söyleyeceğim. Bu arada, çok güzel bir gelin oldun, çoook. Güzel kız Deniz." Bu cümleyi de annesinden öğrenmişti.

"Sen beceremeyeceksin abla, anlaşıldı. Ben aşağıya, kümes tarafına doğru gitmek için bahane bulup kendim bakacağım."

"Aman Deniz, bak babam öldürür."

"Kaç kere öleceğiz be abla. Karışma bana."

Deniz'de Merve'ye nazaran asilik daha fazlaydı. İlk evlendirilenin o olmasının sebebi güzelliğinin yanında asiliğiydi.

Erkeklerin eğlendiği yere bir şekilde bahane bulup indi. İnmesine indi de tam kümesin olduğu kısma hışımla gidince kazların kaçmasına neden oldu. Kazlar bağırarak kaçıştığı anda dikkat o tarafa döndüğü için damadı yarım yamalak görmüştü. O an Deniz'in içinde bir deprem olmuştu çünkü damadı hiç beğenmemişti. Hayalleri yıkılmıştı. O, deniz bakışlı, masmavi gözleri olan çocuk değildi. Köyün serserisi o çocuk değildi. Kazları öylece bırakıp apar topar kadınların olduğu kısma geri döndü. Ter içinde kalmıştı.

Hemen ablasının yanına oturdu.

"Damat nasıldı Deniz, gördün mü?"

"Gördüm abla, normaldi."

"Normal ne demek?"

"Ne bileyim işte. Normaldi abla. Normal."

Okunan dualar bittikten sonra, def çalan bir kadın geldi ve oynak bir türkü söyleyince ortamdaki matemi dağıttı. Genç, yaşlı tüm köylü kadınlar kalkıp bir güzel oynamaya başladı.

Deniz'in aklına kümesin kapısındaki kazlar düştü. Onları kümese tekrar sokmaya gidecek ve böylece adama tekrar bakacaktı. Alt kattaki mutfağa gitti. Yaşlı kadınlar erkeklere yemekler, mezeler, içki şişeleri hazırlarken bunları sadece bir adam götürüp getiriyordu. Kadınların hazırlıklara daldığı, adamın da yemekleri götürdüğü sıradaki o boşluğu yakalayıp ayağına terliklerini tekrar giydi ve kümese doğru gitti. Hem kazlara bakacak hem damadı bir kere daha görüp o olmadığına emin olacaktı ki kümese girip kazları saymaya başladığı an arkasından biri pat diye içeri girdi.

Deniz dondu kaldı!

İçeriye giren o mavi gözlü…

Elinde bir kaz...

"Sen burada ne arıyorsun?"

Kazı yere bırakan çocuk, "Kaçmıştı, onu getirdim."

Çocuğun ağzından alkol bidonuna düşmüş gibi leş, ağır bir koku yayılıyordu.

"Anladım, tamam. Teşekkürler. Lütfen git." Baba korkusu Deniz'in içine öyle işlemişti ki o an tek düşüncesi kümeste bir erkekle görülürse öleceği olmuştu.

"Tamam, gidiyorum ama şunu bil, o düğünden beri aklımdasın!"

Çocuk alkolün de verdiği yetkiye dayanarak içinden geçeni olduğu gibi söylemişti. Deniz de tokadı yapıştırdı. "Ne diyorsun sen, çabuk git!"

"Gitmiyorum! Seni zorla evlendiriyorlar. Herkes konuşuyor!"

"Sana ne? Seni ne ilgilendirir bu? Defol git başımdan!"

"Gitmiyorum. Beraber kaçalım!"

Deniz şoka girmişti resmen! Ne diyeceğini bilemedi. Aklından çıkmayan o mavi gözlü çocuk, alkolün verdiği cesaretle bunu söylese de kaçma fikri çok mantıklı gelmişti. Damadı zerre beğenmemiş olması da cabası...

Deniz bir tokat daha attı. O arada çocuk, "Tamam tamam. Babana söyleme bu dediğimi. Gidiyorum!" dedi.

Deniz, babasının adını duyar duymaz kendine geldi. Bir süre düşündükten sonra ilk defa kendi adına bir karar vermesi gerektiğini anlayarak mavi gözlü çocuğa döndü.

"Gece iki gibi beni çiftliğin arka kapısında bekle!"

Çocuk hayretle arkasını dönerek, "Ne yani? Dalga geçmiyorsun, değil mi? Kaçacak mısın benimle?" diye sordu.

"Evet!" dedi ve birilerine görünmekten korktuğu için terliklerinin ucunda basa basa kümesten çıktı. Düşüncesi şöyleydi; babası ve etrafındaki erkekler sarhoş olur, o sırada o da istemediği bir evlilik yapmak yerine kaçar gider, kurtulurdu bu hayattan. Hem de beğendiği biriyle...

Bunu ablasına açıklaması gerekiyordu. Sonuçta Deniz'i tek düşünen oydu.

Merve kardeşine göre çok daha sakin, çok daha fedakâr biriydi. Bir şey demezdi, bir şey dememeyi de annesinden öğrenmişti.

Hayatta kabullenilmesi gereken
bazı şeyler vardır,
yapacak olsaydı çoktan yapardı gibi.
"Yapacak, yapabilir..." diye düşüne düşüne,
olmamış bir şeyi olmuş gibi hissetme...

Ablasını kolundan tutarak odalarına doğru sürükledi. "Gel benimle."

"Abla bak, beni iyi dinle. Ben şu ana kadar, yaşadığımı hiçbir zaman anlamadım. Sen de anlamadın ama sen bana göre daha ılımlı, daha sakinsin."

"Ne oluyor Deniz, ne diyorsun?"

"Abla dur, dinle. Ben yaşanmamış bir hayat yaşadım, evlenerek buna devam etmek istemiyorum. Kendi tercihimi yaptım, sen de arkamda dur!"

"Deniz... Anlamıyorum."

"Abla ben kaçıyorum! Kümeste konuştum Mavi'yle."

"Mavi kim? Ne kaçması? Ne diyorsun be sen? Kendine gel!"

"Abla, ciddiyim. Gece gelip alacak beni, ben de gideceğim."

"Nereye gideceksin, Deniz? Deli saçması gibi konuşma. Babam seni bulur ve öldürür."

"Öldürür de öldürür! Öldürecek diye yaşamaktan bıktım. Öldürürse öldürsün."

"Sen ciddisin."

"Evet, ciddiyim abla. Zamanında düğüne gitmiştik, hani orada bana biri göz koymuştu, hatırladın mı?"

"Evet."

"İşte onunla kaçacağım. Gözleri de mavi..."

"Deniz, dur, Allah aşkına. Bir düşüneyim, beynim durdu."

"Abla düşünme, lütfen düşünme. Ben gideceğim. Hem sen anneme söz vermedin mi? Benim hep mutlu olmamı isteyecektin."

"Off off. Tamam ama sen gittikten sonra babama ne diyeceğim ben?"

"Haberim yoktu de lütfen. Kimseye bir şey söyleme."

"Seni nasıl göreceğim bir daha? Babam seni öldürecek."

"Öldürsün abla. Öyle ya da böyle, öldürsün. Yeter."

"Tamam Deniz, tamam. Dur bakalım, bir yol bulacağız ama sakın yan yana gelmeyelim. Babam sen gittikten sonra kafayı bana takacak!"

"Gözükmeyeceğim. O ana kadar bekleyeceğim. Abla, ben gittikten sonraki sabah ortalığı ayağa kaldır ki senden bir şey bilinmesin." dedi ve ablasına sarıldı. Hem de sımsıkı, çok sıkı...

"Bırak, kemiklerim acıdı."

"Belki de bu son sarılmamız abla, öyle deme. Annemin kokusu var sende. Şu yüzündeki peçeyi çıkart, göreyim seni doya doya."

Peçeyi sıyırdı Merve. Gülümsedi ve sımsıkı sarıldı.

Yüzüne peçeyi geri taktı ve odadan ayrıldı.

Vedalar gidene zor gibi gözükür fakat inanın bana, kalana daha zordur. Gidene o yüzden "güle güle" derler, kalana temenni gibi "hoşça kal" derler. Giden güler, kalan hoş kalmaz.

Erkut hikâyeyi tekrar böldü ve dinleyicilere döndü.

"Dostum, işte böyle. Deniz o evi bırakıp kaçtı gitti. Şimdi hikâye benim bakış açımdan Deniz ile başlayacak. Bir babanın nasıl gaddarlaşarak bir evlada bu kararı almak zorunda bıraktığını ve diğer evladına neler yaşattığını görmenizi istedim. Diğer evladın neler yaşadığına daha sonra döneceğim. Merve, kardeşinin kaçmasından sorumlu tutuldu. Bunu bir kenara bırakıp Deniz'in hikâyesine devam ediyorum ama dediğim gibi, mola verebiliriz."

Hep bir ağızdan, "Hayıııııır!" diye seslendiler.

Erkut annesine her dönüp baktığında onun ağladığını görüyordu.

"Anne, sakin ol lütfen. Bak, gözüm sana gidiyor. Anlatamıyorum." deyince onu tebessüm ettirmiş oldu. Salondaki hüznün yerini küçük bir gülümseme aldı.

Anne çocuğunu doğurduğu an, doktor göbek bağını keser. Aslında o bağ simgesel bir bağdır. Yaşam kaynağı ile alakalıdır. Asıl bağ, evlat ile annenin yaşamları boyunca oluşturduğu kalp bağıdır. O öyle bir bağdır ki asla gözükmez ve asla koparılamaz! Ölene kadar değil, öldükten sonra bile devam eder…

Evden çıkmadan ablasının eşyalarından, annesinin eski elbiselerinden, altın takılarından birkaçını ve ablasıyla birlikte biriktirdikleri kötü gün parasını yanına aldı. Üstünü değiştirdi ve ablasının haber vermesini bekledi.

Merve kapıda gözüktü ve "Babam ve yanındakiler baygın gibi görünüyor. Arkadan çık git hemen. Allah'a emanet ol. Sakın geri dönme." dedi ve arkasını döndü.

Deniz kapıdan çıkıp gitti ama en çok canını acıtan şey ablasını o evde, o adamla tek bırakmak oldu. Yine de tek bırakacaktı, değil mi? Düşüncesi öyleydi, evlenip gidecekti!

Çiftliğin dışına çıksa da kimseyi göremedi. Bekledi bekledi ve düşüncelere kapıldı. Ya sarhoş olup bir yerde kaldıysa. Zaten çok kokuyordu. Ya beni kandırmışsa... Eve nasıl döneceğim? Acaba hemen dönsem mi? Anlamışlar mıdır? Babam beni öldürecek!

Arkasından çocuk seslendi, "Hey! Hey!"

Deniz, sesin geldiği yere yöneldi ve hiç konuşmadan yürümeye başladılar.

Nereye gideceklerdi, nasıl bir evlilik olacaktı, hiçbir fikri yoktu. Tamamen köşeye sıkışma, çaresizlik hisleri ve bastırılmışlık duyguları yüzünden, cahil cesaretiyle verdiği bu kararı sorgulamadan edemiyordu.

İnşallah pişman olmam.

Mavi gözlü çocuğu usul usul takip ederken bir şey fark etti; ismini bilmiyordu. Arkasından seslendi, "Senin ismin ne?"

"Kerem ismim, Deniz ya. Söylemedim mi?"

"Hayır, söylemedin. Kafan güzel sanırım senin."

"Evet, biraz güzel. Bir şey anlaşılmadan, acilen gitmemiz gerekiyor."

"Nereye gidiyoruz?"

"Bir arkadaşım yer ayarladı, orada kalacağız. Sabah da bir çaresine bakacağız."

Gittiler. Arkadaşının yer ayarladı dediği, ahırdan bozma küçücük bir alandı. İçeri girdiler, tek bir oda ve tek bir yatak vardı.

"Yan yana mı yatacağız?"

"Ee evleniyoruz, Deniz. Tabii ki yan yana."

"Nikâh olmadan asla yan yana yatmam."

"Yarın nikâh işleri için bizim köye gideriz, başlarız işlemlere."

"Nasıl yani?"

"Normal nikâh için işte."

"Olmaz, bulurlar bizi."

Kerem, "Yarın sabah konuşalım. Kafam gidiyor, uyumak istiyorum. Sen de yat, dinlen hadi." dedi ve direkt uyudu. Üstüyle başıyla, pat diye yattığı yerde uyuyakaldı.

Deniz sabaha kadar oturup başında bekledi. Kafasındaki düşüncelerden asla vazgeçemiyordu. Her an kapı açılacak ve Ali Ağa, Azrail gibi can almaya gelecekti. Bekliyordu.

Sabah oldu ve gün ağardı. Gelen de giden de olmadı. Kerem uyandı ve kalktı. "Hadi gidelim." dedi.

Biraz daha yürüdükten sonra at arabasına bindiler ve yola çıktılar. Kerem'in köyüne gidiyorlardı.

Kerem'in köyü çok uzak olduğu için on beş saat sonra vardılar. Cami imamının kapısını çaldılar ve durumu ona çıtlattılar.

Cami imamı, "Nikâh için iki kişi gerekli, iki kişi daha çağıralım. Zaten senin kaçtığın çoktan belli olmuştur. 'Boş ol' da yapmıştır adam seni. Dönsen ne olacak, kabul mu edecek ki..." dedi.

Deniz de, "Adam beni hiç gördü mü ki kabul etmeyi düşünsün, hoca efendi. Hadi hadi. Kıyalım nikâhı, gidelim biz." diye yanıt verdi.

İki kişi daha geldi. İmam nikâhı kıyıldı. Kerem kocaman bir oh çekti.

Kerem'in zaten kimsesi yoktu. Ufak bir evi vardı, oraya gittiler.

Deniz eve girer girmez, "Burada mı yaşayacağız?" diye sordu.

"Tabii ki hayır."

"Nerede yaşayacağız, Kerem?"

"Biraz zaman geçsin, babanla konuşmaya gideceğim."

"Babamla mı? Ne diyorsun sen? Babamla ne konuşacaksın?"

"Artık bizi kabul edecek, onunla konuşacağım. Biz evlendik."

"Babam mı bizi kabul edecek? İnanamıyorum sana, bunu nasıl düşünürsün? Babamı tanımıyorsun. Beni de seni de öldürür."

"Yok, gayet iyi tanıyorum. Zamanında seni beğendiğimi duyunca beni bir güzel dövdürmüştü ama öldürmemişti."

Deniz şoka girmişti, "Anlamadım anlamadım?"

"Duydun işte. O zaman seni beğendiğimi herkese söylüyordum. Bir güzel dayak yedim, sonra sustum. Nasip bugüneymiş."

"Ben asla babamın evine dönmem. Bizi öldürür."

"Güven bana. Hiçbir şey yapamaz. Onca malı mülkü bırakıp nereye gidiyoruz?"

Bu cümle Deniz'in ağırına gitmişti ama beklemek zorunda hissetti. Ne de olsa bir kere şanslarını deneyebilirlerdi. Babası kabul etmezdi ama öldürmezdi ya!

Kerem, "Bu evde çok duramayız. Şimdi bizi köy köy arar bunlar. Saklana saklana ilerlemeliyiz. Diğer köylere doğru yola çıkmalıyız. Uzağa..."

"Doğru söylüyorsun. Babam bizi kesin bulacak."

"Bulamayacak, merak etme. Sen yanına hiç para falan aldın mı?"

Deniz cebinden takıları çıkardı.

"Tamam, bu bize bir süre yeter."

Bir süre tamamen göçebe gibi, o köy senin bu köy benim gezdiler. Kerem'in tek bir sorunu vardı, o da sarhoş gezmesiydi. Sürekli alkol içme isteği, bulamazsa sorun çıkarması ve o ilk gün ağzından çıkan kokunun sürekli Deniz'in burnunda olması da bu sıkıntıdan kaynaklıydı. Kafası güzel olsa da Deniz'e sorun çıkarmıyordu, güzel güzel anlaşıyorlardı. Yine de sürekli içiyordu.

Aradan iki ay geçti ve paraları artık bitti. Kerem alkol bulamama sıkıntısı yaşadığı için, "Hadi, artık babanın evine gidiyoruz." dedi.

Bu arada, Deniz hamileydi...

Bir gün süren yolculuğun sonunda çiftliğe vardılar.

Deniz, çiftliğin kapısında yaşlı Kemal Amca'yı gördü.

"Kerem, bak. Kemal Amca orada." dedi. Kerem de Kemal Amca'yı tanıyordu, yıllar önce ona dayak atan kişi oydu.

Kırk yıldır Ali Ağa'nın işlerini yapan Kemal Amca Deniz'i de, babasını da çok iyi tanıyordu.

Deniz'i görür görmez, "Sakın kızım. Bak, sakın. Baban görmeden gidin buradan. Vallahi de billahi de öldürecek! Günlerdir her yerde seni arıyoruz. Hepimizin elinde bir kâğıt! Bunu imzalamazsa öldürün diye emir verdi."

"Ne kâğıdı, Kemal Amca?"

"Boş kâğıt, kızım. Şunu imzala ve çek git. Ben seni köyde bulunduğunu söylerim ve şu parayı da al, hemen git."

Eline biraz para tutuşturdu ve kâğıdı imzalattırdı.

Kerem korkusundan gık diyememişti.

"Şehre gidin. Bir balık lokantası var, en büyüğü. Orada Ayhan Emmi var, onu bulun. O size yardım eder. Benim gönderdiğimi söyleyin."

Ayrıldılar. Bu sefer Deniz önde, Kerem arkada. Onlar için ilk iş, şehre gidip o lokantayı bulmak oldu. Lokantayı buldular bulmasına ama Ayhan Emmi hiç de Kemal Amca'nın söylediği gibi yardımsever biri değildi. Yemeklerini yedirdi. Onlara iş veremeyeceğini hatta bir daha buraya gelmemeleri gerektiğini, Ali Ağa ile uğraşamayacağını, Kerem'e de hiç güvenilir biri olmadığını patır patır söyledi.

Oradan çıktılar. Tüm ümitleri bitmiş hâlde, son kalan paralarıyla da bir otel odası tuttular ve orada kaldılar. Paraları da ümitleri gibi tükenmişti. Aralarında konuşmuyorlardı bile, sadece sokaklarda gün boyu yürüyüp durdular.

Bir otobüs terminalinin bahçesinde otururken bitap düştüler ve oracıkta uyuya kaldılar. Gecenin en karanlık saatlerinde derin uykuda olan Deniz'in gözleri, bacağına gelen tekmeyle bir anda açıldı. Görevli, Deniz'i sert bir şekilde dürtüyordu.

"Burada uyuyamazsın, bacııı!"

Deniz hemen etrafına baktı ama Kerem'i göremedi.

"Benim... Benim, şey... Eşim de buradaydı."

"Eşini bilmem bacı, görmedim. Burada uyumak yasak. Hadi hadi, kalk bakalım."

Gecenin ayazı Deniz'in yüzüne şiddetli bir soğuk vurmasına rağmen o sözler daha ağır gelmişti. Ağlayarak kalktı ve yürümeye başladı. Hâlâ arkasından bakan güvenlik görevlisine sinir olmuştu fakat onun da işi orayı korumaktı. Ne olursa olsun; insanlara ne yaşadığını bilmeden etmeden o ses tonuyla, o kelimelerle değil, daha naif ve narin yaklaşılmalı.

Çok fazla uzaklaşırsa Kerem'i de bulamazdı. Kerem neredeydi?

Soğuktan ayakları da titremeye başlamıştı, yavaşladı. Bir an düşündü, "Babam döverken bile bu kadar çaresiz değildim ya! Hiç olmazsa ablam Merve vardı, şimdi kimse yok. Kerem nerede? Nereye gitti? Beni bırakıp gitti mi? Yoksa o kâğıda imzayı attım diye mi?" Yapayalnızlık hissi Deniz'in bir anda içini kapladı. O sırada uzakta Kerem'i gördü. Yalpalayarak geliyordu. Yanına koşar adımlarla gitti.

"Sen beni nasıl bırakırsın be adam!"

"Sen kimsin lan! Hesap mı soruyorsun bana?"
Yine zil zurna sarhoştu.
"Alkol alacak parayı nereden buldun sen?"
"Sana hesap mı vereceğim lan! Zaten o kâğıda da imza attın... Ne yazıyordu diye soruyorum, hiçbir şey diyorsun. Bir halt yedin, saklıyorsun!"
"Valla bir şey yazmıyordu, Kerem. İki üç sayfa çevirdi ve imzala dedi. Ben de imzaladım, o kadar!"
"Çevirdiği sayfalar?"
"Görmedim Kerem, görmedim. Biz ne hâldeyiz, sen ne diyorsun… Ben aç susuzken alkol alacak parayı nereden buldun?" demeye kalmadan Kerem, Deniz'e bir tokat yapıştırdı ve Deniz boylu boyunca yere serildi.

Durmadı, kalk kalk diyerek tekme savurdu ama kafası güzel olduğu için teğet geçti.

Deniz hemen kalktı ve eşinin peşine koyuldu. Artık tek dayanağı oydu. Biraz önce onun yokluğunun hissine kapılmış ve çaresizliğe batmıştı. Tokadı yemesine rağmen yine de peşine takıldı.

**Bazen öyle şeyler yaşarsın ki
gerçekliğine inanamazsın.
Bizzat gözünle görür veya bizzat yaşarsın.
"Yok yok, bu kadar da olamaz!"
dersin ama olur.
Kader bu, vurdukça vurur.**

"Hikâyede bazı yerleri hızlı hızlı ama akışı bozmadan geçiyorum. Çok önemli kısımları detaylandırmayı daha uygun buluyorum." diye seslendi dinleyicilere Erkut.

O arada salondan biri, "Merve'ye ne oldu?" diye sordu.

"Merve başka bir hikâye, daha oraya gelmedik. Sakin olalım ve devam edelim. Ne dersiniz?"

Küçük bir alkışla hikâye tekrar başladı.

***

Deniz, Kerem'in peşinden gitti. Kerem de gecenin karanlığını yırta yırta sabaha varınca, elindeki şişeyi kenara fırlatıp bir taksi çevirdi. Taksiye bindiler ve lüks bir mahalleye geldiler. Köyden çıktıktan sonra hiç böyle bir yer görmemişti Deniz.

Dört bir yanı yüksek apartmanlarla dolu bir yerdi burası. Bir apartmanın önünde durdular ve taksiden indiler.

Kerem, "Alkolü soruyordun. Bak, bu işi dün alkol masasında ayarladım. Artık bu binada çalışacağız." dedi.

Kerem, kapıcı olarak işe başlamak için biriyle konuşmaya başladı. Adam bina önünde onları bekliyordu zaten. Deniz hiç ses etmedi. Bodrum katta bir daireye indiler. Adam, "Burası artık sizin." deyip evden çıktı.

Evin penceresi yoktu, kalorifer dairesiydi. Yerde duran tahta bir divandan, iki üç minderden başka hiçbir şey yoktu ama en azından ekmek kazanabileceklerdi.

Bundan öncesi ön sözdü. Asıl hikâye şimdi başlıyor dostum...

Her şey geçer.
Acılar, sancılar, duygular, insanlar...
İyi ya da kötü bir an...
Neyse ne... Her şey geçer...
Unutma ki;
hiçbir şeye bağlı kalmazsan,
akan akar, giden gider, olan olur.
Ve sana hiçbir şey olmaz!

Deniz, bağlanmıştı bir kere Kerem'e. Kerem artık gündüzleri bile alkol içiyordu. Artık alkol batağındaydı. Günler ayları kovaladı, aylar yıllara demir attı. Hamileliğinde bile her gün kapıcılık işlerini Deniz yaptı.

Deniz, Merve'den daha fedakâr olabileceğini hiç düşünmemişti fakat ondan daha fedakâr olması gereken bir hayat yaşamak zorundaydı artık. Bu kendi seçimiydi. Bir çift mavi göze bir ömürlük Deniz'i heba ediyordu...

Tüm bu sevgisizlik, mutsuzluk, huzursuzluk içinde nur topu gibi, aslan parçası bir evlatları olmuştu ama onun geleceği nasıl olacaktı?

Deniz'i belki de hayata bağlayan tek şey artık çocuğuydu... Annesinden sonra ablasından aldığı kokuyu uzun zamandır ilk defa birisinde duymuştu. Aşk ve saf sevgi kokusu, bir evlat kokusu...

Deniz her şeyi kenara itti: tüm yaşantısını, Kerem'in alkolünü... Tek istediği oğluna güzel bir gelecek kurma ümidiydi. Kerem'in alkolüne para yetiştirmek ve oğlunun geleceğine dair planlarını yerine getirmek için, kendi apartmanının dışında başka apartmanların da çöplerini toplamaya ve temizliğini yapmaya başladı. Ama Kerem durur mu, Deniz'in eline ne geçse alıyor, içmeye devam ediyordu. Bu hayatı yaşamasının tek sorumlusu olarak Deniz'i görüyordu.

Her an ağzında, "O kadar malı mülkü ne yapıp edip bırakmayacaktık!" cümlesi dolaşıyordu.

Deniz de cevap verince bir güzel dayak. Ali Ağa misali... Kendisine atılan dayak mühim değildi. Ne zaman el kadar çocuğa tokat attı; işte o zaman Deniz'in içi yangına döndü. Su ateş ile yanar mı? Yanar...

Evladını korumak için her şeyi yapan bir anneye dönüşmüştü Deniz. Gün günü kovaladı. Artık Kerem alkolikti. Güya bunun da tek sebebi Deniz ve çocuktu! Kendi çocuğu, öz evladı...

Deniz, kaderinin aynısını çocuğu yaşamasın diye her zaman bir kalkan gibiydi, yürümeye başladığında onu her akşam oyun oynamaya çıkarıyordu. Oyun oynaması bizlere ne kadar basit gelse de Deniz'e oğlunun, diğer insanlarla ve çocuklarla eşit olduğunu hissettiriyordu; çünkü Deniz, çocukluğunda hiçbir zaman böyle şeyler görmemişti. Oyunlara dalan mutlu oğlunu gördüğünde tüm yorgunluğunu kenara atıyordu. Tek sıkıntı eve dönmekti. Eve dönüş başladığı an, korku senfonisi beyninde müziğe başlıyor, bu müzik Deniz'in kalbini dağlıyordu.

Deniz, günler böyle geçerken parkta oğlunun toplara merakı olduğunu anladı. Mahallede top satan tek bir yer vardı. Oraya gidip bir top aldı. Bu topu da alırken veresiye yazdırdı. Paranın hepsini kocasına verdiği için harcama yapmak Deniz'e yasaktı.

Top aldığı için dayak yiyen bir anne. Düşünsenize... Plastik top.

Bu Ali Ağa ruhu neden bitmiyordu Deniz'in hayatında! Deniz'in gözünde evladının mutluluğu hiçbir paraya, hiçbir mala değişilmezken Kerem'in gözünde bir plastik top kadar değeri yoktu; ki Kerem yılların geçmesiyle Ali Ağa'dan hiçbir mal mülk koparamayacağını anladığı için şiddetin dozunu artırmıştı. Yerli yersiz bağırıyor, önünden geçtiği için bile Deniz'e tekme savuruyordu. Deniz ne kadar çalışırsa çalışsın paranın yetmediğini söyleyerek evde boğma rakı bile yapmaya başlamıştı. Sabah kalkınca kahvaltı bekliyordu. Kahvaltı sonrasındaysa kendini alkole vuran bir adam hâline gelmişti. Alkolik olmak buysa, Kerem artık alkolikti.

Oğulları iki buçuk yaşına gelmişti ve zevk aldığı tek şey, belki de her erkek gibi top oynamaktı fakat çocukta bir sorun vardı. Deniz bunu anlıyordu ama Kerem tabii ki anlamıyordu. İki buçuk yaşına gelmesine rağmen bir kere anne dahi dememişti. Konuşmuyordu, aslında gevelemiyordu bile. Derdini bakarak anlatıyordu. Anne olmak böyle bir şey, annesi anlıyordu fakat yine de bir sorun vardı.

Emin, babası evdeyken hiçbir oyun oynamayan, asla ses çıkarmayan bir çocuktu. Korku, minicik bir bedende bile hemen karşılık bulan bir duygudur.

Deniz hiç okula gitmedi, okuma yazma öğrenmedi fakat duygular karşısında kör biri değildi. İnsanlarla iletişimi az da olsa iyiydi. Deniz temizliğe gittiği evlerde, ev sahiplerinin eşleriyle dertlerini duyar duymaz ağlamaya başlardı ama kendi derdini asla anlatamazdı. Aslında ağlaması kendineydi,

Deniz'in dinlediği hiçbir dert onun derdi gibi değildi. Yanına bile yaklaşan olmamıştı daha.

Kerem'in davranışlarını mahallede kimse sevmezdi zaten. Hatta Kerem mahallede o kadar dışlanıyordu ki sokak köşelerinde, dilencilerle dolu yerlerde takılırdı hep. Öyle bir eşe sahip olmasına rağmen Deniz'i de ayrı severlerdi.

Edebi, çalışkanlığı, oğluna olan sevgisi, her işe yetişme çabası Deniz'i farklı kılıyordu. Üstelik bir gün bile dert yanmamıştı. O kadar bağırış çağırışa, dayağa, ağlama seslerine rağmen bu dertleri asla o kapıdan dışarı çıkarmamıştı.

Deniz'in tek sıkıntısı çektiği sorunlar değil, o evden çıkarken oğlunu o adamla bırakmasıydı. O adam babasıydı ama işte o adam... Yani sen anlarsın dostum, öyle bir adama evlat bırakılır mı?

Her erkek baba olabilir ama her baba babalık yapamaz!

Kerem hiç ayık gezmiyordu. Hem de hiç. Her gün aynı cümleleri savuruyordu etrafa. "Bu hayatı senin yüzünden yaşıyoruz.", "O kadar malı mülkü bırakmayacaktık.", "Hep senin yüzünden, sana Ali Ağa ile barışalım dedim. Barışsaydık bunları yaşar mıydık?", "Bir de çocuğun çıktı, onunla uğraşıyorum!"

Deniz ise her gün suspus... Öğretilmiş çaresizlik, çocukluktan gelen bir duyguydu onun için. Ali Ağa öyle bir işlemiş ki o çaresizliği, bir kere kurtulmaya çalıştı, bakın neler gördü. Dostum daha beter bir hayat şimdi yaşadığı ama kendi açısından değil; bu sefer çocuğu yaşıyor bu hayatı.

**Hayata devam et, akışa bırak derler.
Bazı hayatlar ise susarak haykırır:
Hangi hayat?**

Erkut böldü hikâyeyi, "Su içme vakti, mola vakti diyorum."
Salonda mırıldanmalar başladı fakat Erkut yorulmuştu. Hayatında ilk defa bu kadar uzun konuşuyordu ve bu kadar heyecanlıydı.

"Hiç kızmayın bana, cidden yoruldum. Bu kadar heyecanlanacağımı da düşünmezdim. Herkese su dağıtıldı zaten. Ben beş dakika mola isteyeyim, siz de bir su molası verin...

Unutmayalım ki dostum; su hayattır."

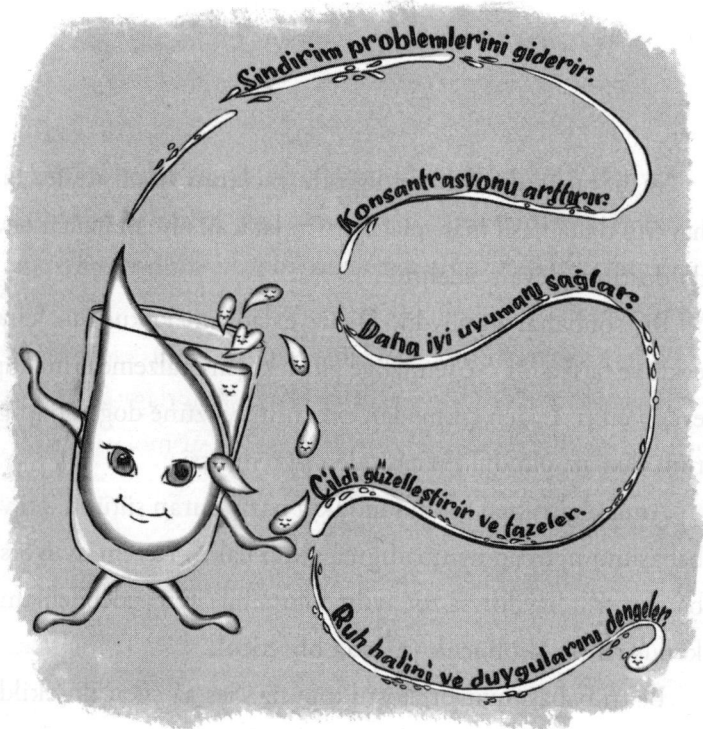

Su hayattır diyerek verdiğimiz molanın dönüşünde, bir hayatın daha nasıl mahvolacağını anlatacak olmak üzücü olsa da dostum, devam edelim...

Bir sonbahar günüydü, Deniz evladının kokusunu içine çekti ve başka bir eve temizliğe gitmek için malzemelerini alıp evden çıktı. Evden çıkmadan evladının yüzüne doğru bildiği tüm duaları okudu. Annesinden öğrenmişti...

Annesi gittikten sonra mutfakta hazır duran sütünü içti ve babasının uyuyup uyumadığına gidip baktı. Kerem uyuyorsa bayılmıştır, bayıldıysa zor ayılır. Bunu bile ayırt edebilen ama konuşmayan iki buçuk yaşında bir çocuk.

Baktı babası uyuyor, koştu topuna. Ses az çıkacak şekilde yerlerde yuvarlıyor, döndürüyordu. Uyanıp uyanmadığını görmek için babasına tekrar bakıyor, sonra topu yine yuvarlıyordu. Bir süre sonra, baktı ki babası gerçekten bayılmış ve uyanmıyor, yavaş yavaş topu duvara vurmaya başladı. Baktı ki yine uyanmıyor, tüm cesaretini toplayıp parkta büyük abilerinden gördüğü şekilde gerildi ve tüm gücüyle topa vurdu.

Top, içinde boğma rakı denilen zilletin olduğu kocaman cam fanusa denk gelmişti. Yere düşen cam fanus kırılmış ve tüm alkol yere dökülmüştü. Çocuk o an yaptığı şeyin ne sonuçlar doğurabileceğini fark edince feryat figan ağlamaya başladı. Kerem o sesi duyunca yatağından fırladığı gibi çocuğun yanına geldi. Bir bakıyor ki alkolü gitmiş! Hem de haftalarca içeceği, tüm parasıyla ve emeğiyle yaptığı alkol!!!

Oğlunu yakasından tuttuğu gibi önemsiz bir bez parçası gibi havaya kaldırdı. Hatta dostum, kirli bir bez parçası gibi...

"Hangi ayağınla vurdun lan? Çabuk göster! Hangi ayağın?"

Bir kirli bez parçası gibi yere fırlattı oğlunu. Hâlâ içtiklerinin etkisinde olan Kerem, resmen cinnet geçiriyordu.

"Hangi ayağın?" diye bağıra bağıra ayaklarına tekme atmaya başladı önce. Çocuk feryat figandı...

Kerem'in siniri bir türlü geçmiyordu. Çocuk dayak yemekten bayılsa da bunu fark etmiyor, üstüne hangi ayağın diye bağırarak ayaklarını ezmeye devam ediyordu. Artık kendinde olmayan o minik bedenin cansız bir uzantısı gibi görünen ayakların üzerinde âdeta tepiniyordu. O an kapı zili çalmasa hiç şüphe yok ki çocuğu öldürecekti...

Zilin sesini duyunca içinde bulunduğu cinnet hâlinden uyanarak aniden gerçekliğe döndü. "Binadakiler geldi. Allah belanı versin, çocuk." deyip kapıya koşturdu. Üst dairede oturan kadın kapıdaydı: "Çocuğun seslerini duydum. Ne oluyor, Kerem Bey?"

Kerem, "Çocuk bayıldı, kaza geçirdi. Anlamadım, top oynarken olmuş herhâlde. Deniz yan binaya, dört numaralı dairenin temizliğine gitmişti. Onu çağırır mısınız? Ben de ağlamasına uyandım. Hastaneye götürmemiz gerek." diyerek kadını başından savdı.

Kadını yolladıktan sonra, bayılan çocuğuna bakıp öfkeyle söylendi: "Allah belanı versin, tüm alkolü hiç ettin. Anan gibisin anan!"

Tam o sırada içeriye giren Deniz'in, karşılaştığı manzara karşısında dünyası başına yıkılmıştı. Daha ne olduğunu bile anlamaya çalışmadan çocuğunu kucakladığı gibi dışarıya koşturdu.

"Ambulans çağırın. Hastaneye yetiştirin. Oğlum ölüyor!"

Çocuk mosmor olmuş bir hâldeydi. Ayaklarının kırıldığı, pardon, paramparça olduğu her hâlinden belliydi.

Apartmanın önünde küçük bir kalabalık toplanırken bir komşudan hızla araba bulununca doğruca hastanenin yolu tutuldu. Deniz'in aklından az önce gördüğü manzaralar âdeta bir film şeridi gibi geçiyordu. Çocuğunun, süt kokan yavrusunun kanlar içinde kıpırdamadan yatan bedeni, şimdi de kollarının arasında kıpırtısız bir şekilde uzanıyordu. Ya ona bir şey olursa? Ya, hayata tutunmasının tek sebebi de yok olup giderse ne yapardı? Hayır hayır, her dakikası bir yıl gibi geçen bu yolculukta hastaneye varana kadar böyle şeyler düşünmemeliydi. Biricik evladı bu hâldeyken yanında olamamıştı, feryatlarını duyamamıştı fakat artık yanındaydı ve ne pahasına olursa olsun onun iyi olmasını sağlayacaktı.

Hastaneye gittiğinde oğlunun durumunun iyi olduğunu fakat iki ayağının birden alınan ağır darbeler nedeniyle pek çok yerinden kırıldığını öğrenmişti. Üstelik alçının ya da bu denli çok kırığın olduğu ayakları iyileştirebilecek başka bir operasyonun o dönemin şartlarında yapılması imkânsızdı.

Deniz öncesinde oğlunun yaşadığına, hayata tutunmaya devam edebileceğine evinse de doktorun ağzından dökülenler onu derinden sarstı. Bu yaşına kadar kederden başka hiçbir duyguyu tatmadığı hayatında böylesi bir acıyla ilk kez karşılaşıyordu. Doktorun anlattıklarını dinlemeye çalışsa da zihni kabul etmiyordu. Yine de doktor tane tane yeniden anlattı: "Tek bir ameliyat şansı var ama burada olmaz; yurt dışına götürmek gerek. Ameliyat yapılmazsa bacakları diz altından kesmek zorunda kalırız. Bir hafta içerisinde bu ameliyatın yapılması gerek, bir haftadan fazla dayanamaz."

Ameliyat için istenen parayı Deniz'in vermesinin imkânı yoktu. Üstelik bu parayı bir haftada bulması da imkânsızdı. Bir de yurt dışı işlemleri vardı fakat doktor bunun kolay olacağını, evraklar hazırlandığında ebeveynlerden biriyle yurt dışına çıkışlarının kolaylaşacağını, sadece ameliyat parasını garanti göstermeleri gerektiğini anlattı.

Çocuk hastanede dinlenmeye alındı ve süre başladı.

Çocuk baygın olduğu ve uyutulduğu sırada Deniz eve dönmek için hemşirelerle konuşup oğlunu onlara emanet etti. Parayı bulması gerekiyordu.

Bu hâle nasıl geldim derdini çoktan geçmişti Deniz.

İnsanın başına bu kadar büyük bir dert gelince çözüme odaklanır, nasıl sorun çıktığına değil!

Eve gelse de Kerem kaçıp gitmişti çoktan. Hemen kapıya geri çıktı. Herkes toplanmıştı, ne olduğunu merakla bekliyorlardı.

"Ne oldu, nasıl o hâle gelmiş o çocuk?"

"Bacaklarına ne devrilmiş?"

"Bir şey devrilse öyle mi olur ya!"

"Nasıl olmuş bu kaza?"

"Kaza mı acaba?"
Deniz herkese olayın kaza olduğunu söyledi. Durumu ağlayarak anlattı. Detay vermeden, üstünkörü geçti ve yardım istedi. Ameliyatın yurt dışında yapılması gerektiğini, eğer bu parayı bulamazsa oğlunun dizlerinden altının kesileceğini, bu parayı verene kırk yıl boyunca istediğini yapacağını yani çaresiz bir annenin söyleyebileceği her şeyi söyledi.
Kerem kaçıp gitmişti. Tüm komşular seferber oldu. Deniz hastane ve ev arasında mekik dokudu, gitti geldi, tek tek kapı kapı gezdi. Camilerde para toplanmaya başlandı, mahalle muhtarı dâhil birçok insan seferber oldu fakat üç günün sonunda toplanan para ameliyat parasının yüzde yirmisine tekabül ediyordu. Deniz'in tam umutlarının köreldiği yerde, asla yapmayacağına emin olduğu şeye karar verdi! Ali Ağa'nın konağına gidip ondan yardım isteyecekti.
Bir anne kendi için asla yapmayacağı bir şeyi evladı için yapar. Bunu asla unutma dostum.

***

Erkut böldü: "Annenin fedakârlığını anlatan küçük bir hikâye anlatmak istiyorum dostum, ahtapot annelerin fedakârlığını bilir misin?
Yumurtlama dönemi bitince kuluçkaya yatar anne ahtapot. Yuvanın tavanına yumurtalarını dizer ve onlara devamlı su pompalayarak temiz kalmalarını sağlar ve ne olursa olsun asla yuvasını terk etmez. Yavruları eğer yumurtadan çıkmadan açlığa dayanamaz ise kendi kollarından bir kaçını yemekten dahi kaçınmaz. Bu şekilde tüm yavruları yumurtadan çıkana

kadar hayatta kalmayı başarır ve onları korur. Ancak bu fedakârlığı ile de bitmez anne ahtapotların fedakârlığı.

Bu kuluçka dönemi anne ahtapotu öyle bitkin, öyle bitap düşürür ki yavruların hepsi yumurtadan çıktıkları an kendini ölümün kucağına bırakır. Sadece bitap düştüğü, bitkin ya da aç olduğu için ölümü tercih etmez anne ahtapotlar, bilirler ki yavruları hayata başlarken besin kaynağı gereklidir ve onlara besin sağlamanın en iyi yolunun kendini feda etmek olduğunu düşünür."

Bana dünyanın en korkunç,
en ağır,
en kötü duygusu
nedir diye sorarsanız
size tek bir şey diyebilirim:
Bir annenin çaresizliği.

Deniz, ertesi gün hiç beklemeden babasının yaşadığı, sahibi olduğu köye gitti. Yıllar sonra çaresiz bir hâlde o çiftliğin kapısına gelmişti ne yazık ki! Kim derdi ki, değil mi? Ne ümitlerle çıktı, ne hâlde geri döndü...

Kader deriz, evet, kader ama kader kendi seçimlerimizin sonucudur.

Söz konusu oğlu olmasa bu kapıya asla gelmeyi düşünmezdi bile Deniz. Çiftlikten içeri girdiğinde uzaktan ablasını hemen tanıdı ve ağlayarak koştu, sarılmaya kalktı. Fakat o da ne? Ablası Merve sarılmadı. Ağladılar ama ablası sarılmıyordu. Özlemişti, belliydi fakat sarılmıyordu.

"Neden döndün Deniz! Babam Allah'tan kız bakmaya gitti kendine, Allah'tan evde yok."

"Abla, bana yardım et."

"Ben sana yardım edemem, Deniz. Beni ne hâllerde bırakıp gittin sen, haberin var mı?"

"Abla her şeyi bırak bana yardım et."

Deniz bunu öyle bir tonla söylemişti ki Merve tüm derdini köşeye itti; ki bu başka bir hikâye demiştim sana dostum.

"Ne oldu, anlat."

"Abla, oğlum. Oğlum iki buçuk yaşında. Kaza geçirdi, ameliyat parasını bulamazsam ayakları kesilecek."

"Ne? Ne diyorsun sen? Nasıl oldu bu? Ne kadar lazım?"

O sırada Merve'nin eşi geldi.

Eşi kim, biliyor musunuz? Deniz'in evlenmediği adam! Deniz kaçınca babası, "Kimseye yüzümü düşüremem, sebep sensin." deyip ablasını zorla o adamla evlendirmişti. Deniz'in yaptığı seçimler Merve'ye biraz da talih olarak dönmüştü. Merve iyi bir evlilik yapmıştı. Evlendirileceği gün tam göremediği o surata ablasını mutlu ettiğin için on kere teşekkür etti fakat şu an yardım gerekliydi.

Merve ve eşinin ise çocukları olmuyordu, dört senedir gezmedikleri doktor kalmamıştı. Şimdi Deniz'in çocuğunun bu hâlde olması, onlarda hemen yardım etme isteği doğurmuştu.

Merve, Deniz'in elinden tuttu: "Eniştin ve ben elimizden geleni yaparız ama biliyorsun, babam seni evlatlıktan bile reddetti. Hiçbir yardımı olmaz, o gelmeden gitmen gerek."

"Evlatlıktan ret mi dedin?"

"Evet, sana kâğıdı imzalatmışlar hatta…"

"O kâğıt, o kâğıt mıymış? Neyse abla, umurumda değil. Bana yardım etmeyecek, torununa edecek."

"Etmez ablam, o etmez." dediği an çiftlikten içeri Ali Ağa'nın atı girmişti bile.

Deniz'i uzaktan fark eden Ali Ağa bağırmaya başladı.

"O soysuz köpek benim kanımdan değildir, evlatlıktan reddedilmiş bir pisliktir. Onu kim içeri aldı? Ölümünüze mi susadınız siz?"

Deniz hiç gocunmadan koştu, yıllarca dizginlediği o atı tekrar dizginlemeye, konuşmaya ama Ali Ağa durur mu, atını hareketlendirdi ve Deniz'i yerle bir ettirdi o ata...

Deniz susmadan, "Kurban olayım, baba. Kendim için gelmedim, torunun için geldim. Kaza geçirdi, parayı bulamazsam ayakları kesilecek, baba. Durum çok acil yoksa gelmezdim. İlk kez, belki de son kez yardım et bana."

"Benim senin gibi bir kızım yok, kızım yoksa torunum da yoktur. Ne sen kanımsın ne de o, hemen defol git buradan. Bana mı sordun o soysuz şerefsiz adamdan bir p*ç dünyaya getirirken?" dedi ve içeri doğru koşar adım gitti. "Tüfeğim nerede?"

Merve babasının o hâlini görünce koşarak Deniz'i yerden kaldırdı.

"Allah aşkına git buradan. Köye in, muhtarın evinin arkasında beni bekle. Ben geleceğim. Tüfeğe gitti, öldürecek, ne olur git."

Dünyaya gözlerini açtığı, tüm çocukluğunu yaşadığı, aslında yaşayamadığı o konaktan tekrar kovulmuştu Deniz. Sendeleyerek çıktı o çiftlikten. Doğruca muhtarın evinin arkasına gitti ve Merve'yi bekledi.

Bir saat geçti geçmedi, Merve eşiyle birlikte geldi. Deniz'e çarşafa sarılı altınları uzattı.

"Abla, bu ne?"

"Bunlar, ben ve eniştenin yıllardır biriktirdiği altınlar. Hiç itiraz etme. Ameliyat için yeterli mi onu söyle."

Öyle bir sarıldı ki o an ablasına, canından can feda etti oracıkta.

"Biz seni şehre bırakacağız, altınları bozdurursun. Ameliyata götürürsün evladını."

Üçü arabayla şehre doğru inerken Deniz arka koltukta hiç susmadan ağlıyor, ablası da Deniz'in saçlarını okşuyordu. Annesinden öğrenmişti, ağlayan sevilmeliydi.

Mutluluk gözyaşları mıydı döktüğü; yoksa yaşadığı acılardan doğan bir sel miydi, bilemedim dostum. O an duygu karmaşası içinde ne yaşadığını bilmeyen bir anne vardı işte. Elindeki altınlara bakıp evladının kurtulduğunu düşünüyordu.

"Abla...

Yorgunum.

Halledemiyorum.

Her şeyi düzeltmeye çalıştım.

İyileştirmeye çalıştım.

Boşluklara gidiyor gözüm, ne olacaksa olsun dediğim anlar oluyor.

Vazgeçmek üzere olduğum anlar...

Ama evladım var diyorum, o var.

O eksik kalmasın, ben kalırım eksik."

O an Merve, tüm Deniz'ini döktü içinden; hıçkıra hıçkıra ağlamaya başladı. Eniştesi de ağlıyordu. Arabayı kenara çekip ağlamaya devam ettiler.

Deniz'in gözlerindeki ışıltı güneş gibi doğmuştu tekrar hayatına. Evladının iyi olması için gereken parayı bulmuştu. Ağlamayı bir kenara ittiler. Hep birlikte kuyumcuya gittiler ve altınları bozdurup hastanenin yolunu tuttular.

Merve, babasının anlayacağını düşündüğü için tedirgin olsa da yeğenini görmek istiyordu. Hastaneye gittiklerinde hemşireler oğlanın başında bekliyordu. Annesi, "Buldum, oğlum. İyi olacaksın." diyerek sıkıca sarılmaya kalkınca çocuk acıdan ağlamaya başladı. O sırada sakinleştirici iğne vakti geldiği için hemşireler iğneyi seruma taktılar. Deniz de oğluyla teyzesini tanıştırmak istedi.

"Oğlum, bak. Bu, teyzen. Senin hayatını kurtaran kişi..." Ama çocuk konuşmuyordu, hiç konuşmamıştı.

"Abla, oğlum hiç konuşmadı. Sana özel bir durum değil."

"Nasıl yani Deniz? Anlamadım."

"Bir kere anne bile demedi daha..."

"Olsun bak, yaşıyor. İyi olacak. Bu kaza atlatılacak." deyip yeğenini kokladı. Sarılmak için ellerini uzatsa da sarılamadı. Sadece saçlarını okşayıp gözlerini öptü...

Artık gitmek zorundaydı Merve... Damatla birlikte elveda dediler ve Deniz'i dertleriyle yine baş başa bıraktılar.

Deniz, başhekimin yanına çıktı ve parayı bulduğunu, evrakların tamamlanması gerektiğini söyledi. Başhekim anne veya babanın pasaportunun da lazım olduğunu söyledi. Deniz'in pasaportu yoktu. Başhekim pasaportun çıkması için evrak sürecini hızlandırabileceğini söylese de Deniz eve gidip eşinin pasaportu olup olmadığına bakmalıydı.

Başhekimden aldığı not ve bilgi ile koşar adım eve döndü. Yurt dışındaki hastaneden randevu alabilmek ve yurt dışına çıkabilmek için sadece pasaport bilgileri gerekiyordu. Eve girdiği anda Kerem'in onu beklediğini gördü.

"Ne olur, gel. Bizi ele güne rezil etme. Ben ettim, sen etme. Alkol yüzünden yaptım, yoksa yapar mıyım? Bir baba bunu yapabilir mi? Çok pişmanım. Ellerim kırılsaydı, Deniz. Yeminle, tövbe. Her şeye tövbe ettim. Artık ne sana ne oğluma zarar veririm. Bak, inan bana. Bir daha küçücük bir şey yaparsam bile beni kapıya koy. Herkese anlat, polise git…"

Kümeste karşılaştıkları günde bile ağzından alkol kokusu gelen adamın ağzından ilk defa koku gelmiyordu. İlk!

Ve iyi insanların tek sorunu herkesi kendileri gibi bilmeleridir çünkü Deniz, Kerem'in pişman olduğunu görüyordu. Buna inandı. Kerem pişmandı.

Kerem devam etti, "Bak, oğlum için para topladım. Yaptığım hata için." diyerek bir tomar parayı masaya koydu.

"Parayı bulduk, Kerem. Pasaport lazım, senin var mı?"

"Evet, var. Dur." deyip içeri gitti ve getirdi.

Deniz pasaportu görünce ilk sayfasını açtı. Okuma yazması olmadığı için sadece içindeki fotoğrafı kontrol ederek Kerem olup olmadığına baktı. Fotoğraftaki gerçekten Kerem'di.

Deniz'in tek düşündüğü evladıydı. Bu cahillikle bunları tek başına halletmesi mümkün değildi.

Deniz'in kalbi akıllıydı, aklı akıllı değildi.

Kerem, "Parayı nasıl buldun? Yoksa babana mı gittin?" diye sordu.

"Bana soru sorma." deyip çantasını eline aldı ve paraları masaya koydu. "Şimdi hastaneye gidip izin evraklarını alacağız. Oradan randevuyu oluşturacaklar ve biletleri alıp gidebileceğiz."

Hastaneye gittiler. Pasaport ile randevu oluşturdular. Başhekimin verdiği özel bir yazı ile oğluna ameliyat için bakanlıktan geçici bir belge çıkarmaları gerekiyordu.

Kerem, "Ben hallederim." dedi ve gitti.

Deniz oğlunu aldı ve eve döndü. Beklemeye başladı. Kerem döndüğünde belge yanındaydı, biletleri bile almıştı. Deniz'in tek çaresi Kerem'e güvenmekti çünkü sadece bir ebeveyn gidebiliyordu ve onun da pasaportunun olması gerekiyordu.

Üç haftalık bir ayrılık olacaktı ama iyi olacaktı oğlu. Deniz planı kafasında yapmıştı, döndüklerinde ne olursa olsun oğlunu alarak çekip gidecekti. Baba evine dönemese de köye dönecek ve orada yaşayacaktı. Kerem'den ayrılacaktı. Bu kararı kesinlikle netti fakat şu an Kerem'e mecburdu ve Kerem pişmandı...

Ertesi gün oldu, uçak vakti geldi. Oğlunu sarıp sarmaladı. Acıdan kıvranan, sürekli ağlayan ve derdini anlatamayan o güzel yavrusuna fazla dokunamasa da sevgisini gözlerinden belli edebiliyordu. Kerem de oğluna çok iyi davranıyordu ama o yavrunun gözleri Kerem'e hiç bakmıyordu. Annesi de bunu gayet iyi anlıyordu; bu yüzden sürekli, "Son kez katlan babana. İnan döndüğünde hiçbir şey aynı olmayacak. Kurtulacağız, sen de ben de kurtulacağız. Son kez. Annen için." Ayrılmadan önce Deniz'in oğluna dediği son şey, "Döndüğünde sana on tane top alacağım..." oldu.

Apartmanın önüne taksi geldi. Kerem, oğlunu güzelce kucakladı ve koltuğa yatırdı. Deniz hayret içerisinde izlerken Kerem ilk defa oğlunu öperek daha önce hiç duymadığı kadar yumuşak bir sesle konuştu: "Oğlum, az kaldı, sabret. Özür dilerim. Her şey düzelecek. Merak etme, annen ve baban yanında."

Deniz umuda tekrar tekrar sarıldı. Kerem pişmandı...

Yaşadıkları kötü günler geride kalacaktı. Kerem ne kadar pişman olursa olsun döndüklerinde oğlunu alıp buradan kaybolacaktı.

Taksi uzaklaşırken apartmandaki kadınlar Deniz'in koluna girmeye çalışsa da kaldırıma oturduğu gibi gözyaşlarına boğuldu.

Deniz denizde boğulur mu? Boğulur...

Umut güzel olduğu kadar da tehlikelidir.
Umut yaşattığı kadar öldürebilir de...
Dikkatli olmak gerekir.

"Ağlama, Deniz. Bak ne güzel, iyileşmeye gidiyor. Üç hafta sonra dönecekler. Hem babası da yanında."

"Ama... Ama konuşamaz. Derdi olsa söyleyemez benim oğlum."

İki buçuk yaşına gelmesine rağmen tek kelime etmemişti. Babasının kucağında, onu bu hâle sokan insanın kucağında yatan oğlunun korku dolu olduğunu biliyordu.

Taksinin içerisinde ise küçük Emin kıpırtısız bir şekilde oturup hayretle etrafı seyrediyordu. Çektiği bedensel acıların yanı sıra annesinden ayrılmış olmanın verdiği his, onu daha da içine kapanık hâle getirmişti.

"Taksinin camını açayım mı oğlum, terledin mi?"

Ses yok...

"Şimdi uçağa bineceğiz ve gideceğiz. Oyuncak falan değil ha, gerçek uçak."

Tepki yok.

"Mal mısın oğlum sen? Tepki versene! Geri zekâlı mısın? Kaç yaşına geldin tık yok. Top oynamayı biliyorsun da konuşmayı mı bilmiyorsun?"

Taksici dikiz aynasından bakınca Kerem hemen toparlanıp bir anlığına gülümsemeye çalışsa da o canavar bir günlüğüne bile rahat durmuyordu. İnsan, doğasında neyse ona dönüşür.

Kerem havalimanın tam girişinde, "Biz burada inelim." dedi ve parayı uzattı. Sonra indi ve çocuğu aldığı gibi karşı kaldırıma geçip köşede duran bir kamyonun arkasına bindi. Kasasına...

Kasada en az kırk kişi vardı. Köşede bir yer tuttu. Çocuğu kucağına hunharca aldığı an çocuk ağlamaya tekrar başladı. Herkes onlara bakıyordu. Etrafta acayip pis bir koku vardı. Branda üstlerine kapandı ve kamyon hareket etti.

***

Erkut hikâyeyi böldü.

"Bu hikâye benim hayatımı değiştirip kendimi insanlara yardım etmeye adamamdaki en büyük etkendir. Size daha önce de 'Asıl hikâye şimdi başlıyor.' demiştim. Fakat dinlediğiniz hikâye öyle bir hikâye ki, ne zaman 'Daha fazlası olamaz.', 'Daha acı ne yaşanabilir ki?' diye düşünseniz, hikâye ilerledikçe daha da büyük bir acıya şahitlik ederken buluyorsunuz kendinizi. Hikâye benim için her defasında bu kısımdan sonra daha da etkileyici hâle geliyor. Ben de sizler gibi, bu hikâyeyi her dinleyen herkes gibi, 'Daha kötü ne olabilir?' diye düşünüyorum. Fakat hatırlatmam gereken bir şey var: Daha kötüsünü, en kötüsünü hep saklayan, daha olabilir mi, dediğinde daha kötüsünü yaşatan bir hikâyedir bu..."

***

Bir babadan beklenebilecek ne kadar acı olay varsa hepsini yaşatıyordu evladına. Bir annenin çaresizliğini hayret içerisinde okurken, bir babanın evladına yaşattıklarına daha fazla hayret etmemize neden oluyor bu hikâye.

Bence anladın dostum...

Baba oğlunu aldı ve kaçtı. Ama neden?

Nedenini kimse anlayamadı. Sınıra kadar balık istifi şeklindeki yolculuklarına devam ettiler. Deniz'in okuma yazma bilmemesi Kerem'in işine yaramıştı. Sahte bir pasaport yaptırıp içine fotoğrafını yapıştırmıştı. Uçak bileti ise gazete kuponlarından başka bir şey değildi. O zamanlarda gazeteler içerisinde yer alan kuponların verdiği ürünler arasında temsilî biletler de vardı. Bilet diye gösterdiği kâğıt parçası da buydu. Sınırı geçmişlerdi. Çocuk ağlıyordu. Branda açıldı ve herkes aşağı indi. Çocuk ağlıyor, susmuyordu; babası ne mi yapıyordu?

Kerem, acılar içinde ağlayan öz evladına aldırmadan soğukkanlılıkla indi kamyondan. Şoförden bir şeyler aldıktan sonra çocuğu bırakıp arkasına bakmadan koşarak kaçtı.

Çocuk bir anda sustu. Ne olduğunu anlamış gibiydi. Kamyon şoförü onu kucağına aldı. Bir adama teslim edecekti. Adam elinde baston, tek ayakla yürüyen paspal görünümlü biriydi. Küçük çocuk, kamyon şoförüne öyle bir gülümsedi ki... O gülümseme o kamyon şoförüne ömür boyu dert olmuştur diyeceğim de böyle bir iş yapan birinde vicdanı sızlatan gülümseme ne dert olur ya...

Adam çocuğu teslim alıp kamyon şoförünün elini sıktı. Direkt çocuğun tüm bandajlarını söktü attı. Derisi şimdiden mosmor olmuştu. Adam umursamak yerine ne yaptı, biliyor musunuz? Kamyon şoförüne ıslık çaldı. Tamam anlamında bir işaret yaptı ve gülümsedi.

Çocuk artık ağlamıyordu. İki buçuk yaşında gülümsemenin ağlamaktan daha güçlü olduğunu babasının kaçtığı an öğrenen biriydi...

Babası ayaklarını o hâle getirdiği için ağlaması hiç durmamıştı ama o an güldü. Hep garipsemişimdir o gülüşü...

Bazı "neden"lerin, "niye"lerin
cevabı yoktur.
Öyle ağırdır ki yaşatılan.
Neden, niye desen de cevabı yoktur.
Her cevap hafiftir.
Çünkü ne cevap alırsan al,
yapılmışı yapılmamış gösteremez.

Deniz haber bekliyordu ama henüz gelmemişti. Üst komşuda telefon olduğu için havalimanı santralini o arayacak ve o haber verecekti. Kapı çaldı. Uçak yurt dışına inmişti. Şimdi tek yapması gereken Kerem'in komşuyu aramasını beklemek olacaktı. Kerem önce havalimanından arayacak, sonra da hastaneden arayıp haber verecekti. Deniz beklerken öyle daraldı ki komşusunun evinde beklemeye başladı. Dakikalar değil, böyle bir durumda insan saniye sayar bence. Saniyeler dakikaları, dakikalar saatleri kovaladı ama ses yoktu, arama yoktu.

Komşusu Deniz'e üç dört kez seslenip yemek masasına çağırmasına rağmen onun sesini duyamayacak kadar düşüncelere dalmıştı Deniz. Kalbi de bir şeylerin yanlış gittiğini söylüyordu. *Oğlun güvende değil, o adama nasıl güvendin!* Belki de kalbi haklıydı, değil mi dostum?

Komşu duruma üzüldü ve "Öğreniriz bir şekilde, dur bakalım. Tekrar havalimanını arayacağım." dedi.

İşte o an acı gerçeği öğrenecekti. Bir annenin yaşayacağı en büyük kıyameti, ölmeden mezara girme hissini yaşayacaktı.

Havalimanı yönetiminden aldıkları bilgiye göre kocası bilet almamıştı. Bu iki isimde yolcu olmadığını söylediler ve kapattılar.

Bazen karşıdaki insana o kadar kolaydır ki bazı cümleleri söylemek, "Bu yolcular bizde kayıtlı değil, bilet almamışlar." demek. Karşıdaki insana ölüm gibi hissettirdiğini bilmez. Tabii, nereden bilecek?

Deniz'in duygularını kelimelere dökemem. Bazı duyguları anlatacak kelimeler yoktur, yetmez. Hiçbir tabirin gücü anlatmaya yetmez, dostum. Kendini onun yerine koy ve düşün...

Deniz duyar duymaz bayıldı. Bayılmanın çeşitleri vardır. Öne arkaya doğru bayılanlar birilerine güvenen insanlardır; yanındakinin onu tutacağına güvendiğinden öyle bayılırlar. Yalnız insanlar bayılırken kimsenin tutmayacağını bilir. Oturur gibi olduğu yere bayılırlar. Aynen öyle bayıldı, olduğu yere düşüp kaldı. Komşusu Deniz'i hemen ayıltmaya çalıştı fakat başaramadı. Ayıldığı an, "Oğlum!" deyip tekrar bayılıyordu.

Ambulans çağırıldı ve hastaneye gidildi. Deniz gözünü kolunda serumla açtığında "Oğlum!" diyerek feryat figan etmeye başladı. Doktorlar sakinleştirici vermek istedi ama polis ifade almak için hastaneye gelmişti. Olayı komşudan dinlemişlerdi ve Deniz'i bekliyorlardı.

"Komşudan her şeyi öğrendik. Tek bir sorumuz var; şikâyetçi misiniz?"

"Evet. Çocuğumu kaçırdı. Paraları çaldı."

"Peki, oğlunuzun ve eşinizin fotoğrafı var mı?"

Hiç fotoğrafı yoktu oğlunun... Bu duygunun bir tarifi yok. Çocuğunun bir karesi dahi yoktu. O zamanlar fotoğraf çekmek ve çektirmek kolay değildi tabii. Fotoğraf makinesi az bulunuyordu. Fotoğrafçıya gidip çektirmek gerekirdi ama alkol parası yetiştirmekten bu mu geldi Deniz'in aklına?

"Yok." dedi.

Sonrasında polisler apartman yönetiminden kocasına ait bir fotoğraf buldu.

Deniz hastaneden çıktı. Polisler de aramaya başladı.

Ya dostum, düşünsene. Belki çocuğunu bir daha asla göremeyecekti ve anısını yaşatacak bir tane fotoğrafı bile yoktu.

Bir tane ya...

Bir anneye fotoğraf gerekli mi? Asla! Yine de gözünün önünde duracak bir anı güzel olurdu...

Bir hafta boyunca Deniz her gün sakinleştirici haplarını içti. Sürekli karakola gidip geliyordu. Haber gelecekti. Gelmeliydi... Baktı gelmiyor, çıktı kocasının gezdiği yerleri tek tek aramaya başladı. Çaresizlik bu, ne yaptıracağı belli olmaz. Ne uyku kaldı ne iştah. Tamamen sakinleştirici haplara bağlı bir hayat yaşıyordu.

Oğlum nerede!

Kafasında oğlunun nerede olduğu sorusundan daha acı bir soru vardı ama insan kendine bu soruları kolay soramaz. Tam da oğlunu yeniden sağlığına kavuşturacağı için hayata yeniden umutla tutunmuşken şimdi başına gelenleri aklı almıyordu. Oğlu yeniden koşacak, top oynayacak, hatta kim bilir belki de ilk kez "anne" deyip boynuna sarılacaktı Deniz'in. Oğlundan kısa süreliğine ayrılmayı kabullenebilmek için sürekli bunları hayal ediyordu. Oysa şimdi bırakın hayali, elinde sarılıp kokusunu içine çekeceği evladı bile kalmamıştı.

Oğlunun ameliyat süresi geçmişti ve bunun tek sorumlusu olarak kendini görüyordu.

Nasıl inandım ben o adama! Nasıl güvendim! Bir canavara oğlumu nasıl teslim ettim! Allah'ım yardım et bana. Yardım...

Deniz'in ruhu paramparça olmuştu resmen. Her gören bunu hissediyordu. Tüm gençliğinde ona acılar çektiren ve ömrüne kırık bir kalpten başka bir şey katmayan adam şimdi evladını da elinden alarak Deniz'i bin parçaya bölmüştü. Kalbi, ruhu, her şeyiyle paramparçaydı artık.

Bu dünyada ölüm dâhil
her gün ilk günkü gibi yaşanan,
taptaze tek bir acı vardır.
Evladını kaybeden bir annenin acısı.
Asla alışılamaz…

Aradan on gün geçtikten sonra polislerin çabası bir sonuç vermişti; kocası ve oğlunu havalimanına götüren taksinin şoförüne ulaşabildiler. Şoför çok garipsediği adamı hiç unutmamıştı zaten; öfkeli hâlleri dikkatini çekmişti. Havalimanına götürdüğünü ancak oraya hiç girmeden bir kamyona bindiklerini polise söyledi. Çok önemli bir bilgi daha verdi: Kamyonun plakası.

Polis direkt kamyonun peşine düştü. Beş gün sonra da kamyonun izini buldu. Kamyon, göçmenleri kaçak olarak yurt dışına götüren birisinin üzerine kayıtlıydı. Polisler kamyonun sahibine ulaşsa da tam bir bilgi alamadı; sadece, yurt dışı için anlaştıkları kişileri sınıra götürüldükleri bilgisini verdi. Bu kadar...

Polisler Deniz'e hemen haber göndererek onu çağırdılar. Her şeyi Deniz'e bir bir anlattılar.

Deniz bu bilgileri öğrendikten sonra kendi kendine tek bir şey dedi: "Çocuğumu ben bulacağım!" Eve dönüp hemen bir valiz hazırlayacaktı. Yola koyulmayı kafasına koymuştu. Kendi kendine konuşarak eve dönüyordu.

Oğlumu bulacağım!
Oğlumu bulacağım!
Her yerde onu arayacağım ama bulacağım!

Deniz'in öyle bir hâli vardı ki tüm ağıtları raftan indirmiş, koynuna almıştı. Yakamasa da bağıramasa da gözlerinden anlaşılıyordu bu.

Evine döndüğünde Merve'nin ve eniştesinin onu beklediğini görünce şaşırmıştı. Sarıldılar. Her kavuşmalarında olduğu gibi ikisinin de gözlerinde bir acının habercisi gibi buruk bir bakış vardı.

Deniz'in kırılan hayallerinden sonra onun için artık ayakta durmak bile fazla geliyordu. Bir yere oturdu ve ağlayarak anlatmaya başladı.

Oğlunun kaza sonucu o hâle gelmediğini, kocasının alkollüyken çok feci bir şekilde onu dövdüğünü ve şimdi de paraları alıp ortadan kaybolduğunu, oğlunu kaçırdığını bütün detaylarıyla anlattı.

Deniz bunları ağlayarak anlattı. Merve ve eşi de hayret içerisinde ve ağlayarak dinledi.

"Ben de seninle geleceğim, kardeşim. Seni tek başına sınıra, bilmediğin bir yere yollayamam."

"Seni sürükleyemem, abla. Kusura bakma."

"Tek başına insan kaçakçılarının yanına gideceksin, öyle mi? Ben de bunu bilerek seni yalnız mı göndereceğim? Yıllarca seni yalnız bıraktım ama bu sefer olmaz kardeşim."

"Eşin ne der, abla? Hele ki babam? Babam anlarsa seni de evlatlıktan reddeder, biliyorum."

"Bir defacık babama isyan edemez miyim yani? Kardeşim için bunu daha önce yapmadım, yapamadım ama şimdi durum farklı. Seni bir kere yalnız bıraktım. Haberini hiç alamadım. Bak, neler yaşamışsın... Ben olsaydım izin verir miydim bunlara! Pişmanım."

"Abla, öyle deme... Bunu ben seçtim."

"Eşimi de merak etme. Hem o anlayışlı bir adamdır, değil mi?" diye sordu eşine.

Eşi başını onaylama anlamında sallayarak ekledi, "Deniz, ablan da seninle gelsin. Gerekiyorsa ben de gelirim. Oğlunu bulmamız için gereken her şeyi yapmamız lazım."

Deniz ilk defa yalnız olmadığını hissetmiş gibiydi.

Eşi, Merve'yi orada kalması için bıraktı ve gitti. İki kardeş birbirine sarılarak uyudu.

Deniz rüyasında oğlunu görmüştü. Oğlu hiç tanımadığı çocuklarla top oynuyordu. Mutluydu.

Ameliyat başarılı geçmişti ve çoktan iyileşmişti.

Koşarak annesinin, Deniz'in yanına gelmişti.

Ve uyandı. Rüya da bitti. Rüyayı gerçekleştirme, çocuğunu bulma vakti gelmişti.

Güzel bir rüya sonrası,
hayal dünyası genişler.
Rüyayı hayal ettirir ve insana istek verir.
Rüya sonrası hayal et.
Hayal ettiğini gerçekleştirmek için
hareket et.

Uyanınca rüyasının gerçek olması için hemen dua etti. Kalktıktan sonra ablasıyla hemen hazırlandılar. Tamı tamına 1400 km yol gideceklerdi. O yol geçer mi, dostum? Düşünsene, evladının kocan tarafından kaçırıldığını, üstelik ameliyat olması gerekirken... İki bacağını kaybetme ihtimali olan oğluna bunu yaşatan çocuğun kendi babasıydı. Yani eşi... Düşün, bir saniye durup düşün. İnsan başkasının acısına üzüldüğü zaman insandır!

Karakoldan bir polis amiri onlara bir kâğıt vermişti, içinde sınırdaki bir polisin ismi yazıyordu. O kâğıt güvence gibiydi sanki; bir ışık, bir ümit, bir umut... Adını ne koyarsan koy. O ismi bulacaklar ve onun yardımı sayesinde bir yol haritası çizeceklerdi.

İki güne yakın süren yol sonrası sınıra ulaştılar.

Doğrudan sınır karakoluna yöneldiler. Polisi buldular fakat polis onlar için bir hayal kırıklığıydı. Yine ve yine hayal kırıklığı. Anlayışsız biri çıktı. Mahalledeki amir gibi değildi.

"Kaçakçıların eline düşen çocuğu mu aramaya geldiniz? Şaka mısınız bacım siz?"

Deniz ağlamaktan konuşamadı. Merve hemen atladı.

"Ama yeğenim buraya babasıyla gelmişti. Çok hastaydı. Kaçakçılar ne yapsın çocuğu? Ne alaka yani? Belki birileri sahip çıkmıştır, bilmiyoruz. Arıyoruz."

"Çocuğun ne hastalığı vardı ki?"

"Ayaklarından ameliyat olacaktı yoksa kesilecekti."

"Oooo bacım, geçmiş olsun. Tam istedikleri gibi. Kaçakçılar sakatlara bayılır."

"Sakat değildi." diyerek hemen araya girdi Deniz. "Ameliyat olacaktı!"

"Kusura bakmayın vallahi. Öylesi daha değerlidir. Dilendirmek için kullanırlar."

Gerçekler bir bir yüzüne vururken iki kardeşin de yüreği buna dayanacak gibi değildi.

Çünkü unutmayalım, acılar gerçek değildir; gerçekler acıdır.

"Bize yardım et kardeşim, lütfen. Para istersen sana yardım ederiz, babam ağadır. Çocuğu bulmak için her şeyi vermeye razıyız."

"Bacım, keşke parayla olsa. Vallahi diyorum, burada onu bulamazsınız artık."

"Yol göster bize, küçücük bir yol."

"Güzel bacılarım, fotoğraf desen elinizde fotoğraf yok. Diyelim çocuğu bir süre sonra buldunuz, ki bulamayacaksınız, nasıl tanıyacaksınız? Kaçakçı, bu benim çocuğum derse aksini nasıl ispatlayacağız?"

Deniz hemen kolunu açıp gösterdi, "Kolumdaki izin aynısı oğlumda da var, hem de aynı yerde."

"Tamam bacım, bakacağız. Haber vereceğiz size. Siz de buralarda olmaya devam edin, buradaki sınır ötesi kamyonlara dikkat ederseniz belki buluruz bir şekilde..." diyerek geçiştirmişti resmen.

Kalacak yerleri dahi yoktu. Bu, onlar için bir dert değildi, zaten uykuları da yoktu. Sınır ötesi bir yerde kamyonların beklediğini gören Deniz ve Merve sabaha kadar oralarda gezdiler. İkisinin de gözüne uyku girmiyordu. Olur da bir kamyonun arkasından bir ağlama sesi gelir diye bir ümit tüm gece etrafı kolaçan ettiler. Yapacak başka hiçbir şeyleri yoktu, kalplerindeki ümide tutunmaktan başka.

Ertesi gün bir yer buldular; çok yakın bir köy. Orada bir yer tuttular ve her gün sınıra gidip geldiler. Herkese durmadan sorular soruyorlar, arayışa devam ediyorlardı.

Haftalar geçti. Hiçbir haber yok. Ses yok.

Aylar geçti böyle. Ses yok, haber yok.

Artık köylüler hatta kasabadan gelenler dahi tanımıştı iki kardeşi.

Bu arada, Deniz 10 ila 15 kilo kaybetmişti. Merve biraz daha iyiydi ama Deniz gün geçtikçe içine ata ata...

***

Erkut araya girdi: "Bazı yerleri hızlı, ayrıntılara çok girmeden anlatarak geçiyorum çünkü daha devamı olan uzun bir hikâye bu..."

İnsan öyle bir şey yaşar ki,
kalbini bırak, ruhu paramparça olur.
Ağlayamaz da kahrolur.
Güçlü dahi gözükemez,
işte bu yorgunluğun tarifi yoktur.

Aradan yaklaşık iki ay geçmişti. Ümitler suya düşmüştü ve o suyu Deniz çoktan içmişti.

Bulamayacağız.

Öldü mü acaba?

Dilencilik mi yaptırıyorlar acaba?

Ayakları ne oldu?

O karakolda polisin söyledikleri kalbinde bir ukde olmuştu. Merve ise Deniz'in eriyip bitmesi karşısında hiçbir şey yapamıyordu. Artık annesinden öğrendikleri de çare olmuyordu. Hayat bazen öyle zorlar ki seni, ne olduğunu anlamaz, ortadan ikiye ayrılıverirsin. Kasabaya indiklerinde Merve konağı aradı. Eşi telefonu açtı, "Ben bıktım artık. Dönmüyorsun. Beklemekten yoruldum Merve ben. Burada babanla uğraşmak kolay mı sanıyorsun? Köyde dedikodu aldı başını yürüdü. İnsanlar cahil! Babanla mücadelem yenilmek üzereyim. Köyüme dönmek istiyorum. Boşanalım."

İnsan böyledir; büyük bir acı içerisindeyken karşısına çıkan derdi köşeye iter. Kardeşi gözü önünde eriyordu ve yeğeninden hiçbir haber yoktu. Deniz'i bırakamazdı.

"Tamam." diyebildi telefonda. Tek kelime: Tamam.

"Boş ol, boş ol, boş ol. Kendine iyi bak." sözlerini duydu telefonda. Cevap bile veremedi.

Hayatında ona ilk kez ve belki de son kez iyi davranan erkeği kaybetmişti.

Aylar ayları kovaladı. Dedim ya, Deniz o ümitsizlik suyunu içti. Belki de bu kadar bitap düşmesinin sebebi buydu. Ümitsizlik öldürür...

Polisler arada sırada şüpheli bir ihbar aldıklarında haber veriyordu. Bir ümitle gidiyorlardı. Cansız bedenlerin koluna, leke olup olmadığına bakıyorlardı. Olmadığını görünce sevinseler de bir yandan üzülüyorlardı.

İnsan sevinirken üzülür mü? Üzülür dostum.

İnsanlara yapılan işkenceleri duyuyor ve görüyorlardı. Bir annenin yüreği kaldırır mı? Ya oğluna da yapılıyorsa?

Deniz iyi değildi dostum ve bunu Merve anlıyordu. Aylar geçmişti ve Deniz gerçekten iyi değildi.

Deniz yan odadan Merve'ye seslendi, "Abla gel, konuşalım bir. Abla, hissediyorum; ben ölüyorum. Bu dünyada oğluma kavuşmak haram oldu bana. Onu benden söküp aldılar. Kalbimi söktüler abla, kalbimi. Kaldıramıyorum daha fazla. Yaşanılanlara baksana... Tükendiğimi hissediyorum. Sen gözünden damla düşürme, abla. Abla, oğlum ölmüş müdür?"

"O nasıl söz, Deniz? Bunlar nasıl cümleler? Söz veriyorum, bulacağız onu. Gör bak."

"Söz mü, abla?"

"Söz, söz kardeşim. Onu bulup yeni bir hayata başlayacağız."

"Ona top alalım abla, çok sever. Biliyor musun abla, bana hiç anne bile demedi. En çok üzüldüğüm de bu. Bir kere duysaydım abla, canımı verirdim. O mutluluğu hiç yaşayamadım, yaşayamayacağım da. Biliyorum. Bir kere anne deseydi bu acılara tek tesellim olabilirdi. Bir kere!"

"Diyecek kardeşim, inan diyecek. İçinden gelerek, bağıra bağıra anne diyecek sana."

"Abla bak, ben hissediyorum."

"Kardeşim. Lütfen bak..."

"En çok köfte severdi, abla. Kuru ekmek ıslatıp da yapacaksın ama. Onu yapar mısın evladıma? Benim gücüm yetmez, şimdi kalkıp yapamam."

"Tabii ki yaparım. Deniz, sen iyi misin?"

"Abla, duyuyor musun?"

"Neyi, Deniz?"

"Gülüyor sanki. Uzaktan geliyor sesi. Anne mi diyor, abla? Duymuyor musun?"

O an anladı Merve. Gözyaşları ağzına damlarken zorlukla konuştu, "Duyuyorum. Evet, gülüyor."

"Bulduk mu oğlumu, abla? Bulduk mu?"

"Almaya gideceğiz, kardeşim. Bulduk."

Bunlar son sözleriydi Deniz'in.

Ölürken ablasına gülümsemişti. O kadar acıya, o özleme, o hasrete bir gülücükle veda etti.

Ölümün zamanı yoktur.
Her an her saniye seni alıp gidebilir.
Bunu bilerek yaşamak önemlidir.
Sevdiğine sevdiğini söyleme vaktidir.
Sarılman gerekene sarılma,
barışman gerekenle barışma vaktidir.
Şu an varsın ama bir saat sonra
yok olabilirsin.
Zamanın varken,
zaman seni alıp gitmeden,
biraz kıymet bilip güzel şeyler yapabilirsin.

Salondaki kalabalık, sessizlik içinde kendisini dinlerken Erkut, sahnede geriye doğru birkaç adım atıp kürsüye doğru yürüdü. Kürsüdeki suyu aldı ve tek seferde tüm suyu içti. Ağlayacak gibi olmuştu. Ön sıradan birkaç kişinin de burnunu çekip ağladığını fark edince daha kötü hissetse de toparlanıp sahnenin ucuna geldi.

Erkut, "Sizi yorduğumun farkındayım." deyince kalabalık hep bir ağızdan, "Hayır!" diyerek karşı çıktı.

Sunucu Erkut'un hikâyeyi kesmek isteyeceğini düşündüğünden hemen eline mikrofonu alarak, "Hepimiz hikâyenin devamını bekliyoruz."

"Tamam." dedi Erkut. Bir bardak daha su istedi.

Toprağa bakıp pişmanlıkla
toprağı öpeceğine,
zamanın varken sevdiğine sevdiğini söyle.
Bugün varsın, bugün yoksun, ona göre…

Deniz vefat etmişti.

Dayanamadı bu kadar acıya, hasrete. Belki de ümitsizlik bitirmişti onu. Demiştim dostum, ümitsizlik öldürür.

Merve, kardeşini sınırdaki köyün mezarlığına defnetti. Deniz ablasından öyle istemişti çünkü... Oğlundan ayrı kalmayacaktı bu sayede...

Merve, kardeşine verdiği sözü hiç aklından çıkarmadı. Kardeşi ölmesine rağmen onun oğlunu aramaya devam edecekti. Sözünü tutacak, yeğenini bulacaktı.

Artık söz emanetti.

Merve hiç durmadan, yüreğindeki tüm acısını söze karşılık rehin vererek aramaya devam etti. Artık aylar yerine yıllar geçmeye başlamıştı.

Parası tükendiği zaman hasat için sınır köylerdeki tarlalarda çalışıp para kazanıyordu. Hayatı zorlaşmıştı ama hiç vazgeçmedi. Hiç.

Her gün karakola gittiği için oradakiler artık hâline acımaya bile başlamışlardı. Tam tamına iki yıl geçmişti, belki de iki buçuk yıl. Merve'de zaman kavramı bile kalmamıştı.

Yeğeninin ölmüş olabileceği ihtimalini hiç düşünmedi, ümidini hiç kesmedi. En büyük yardımcısı ise kardeşi Deniz'di. Mezarına her hafta uğrayıp kardeşinden yardım istedi. "Kardeşim, Deniz'im, bana yardım et, oğlunu bulayım! Sözümü tutayım! Şu mezarın başına gelip sana anne diyeceği günü sabırsızlıkla bekliyorsun, biliyorum. Bana yardım et. Sen Allah'ın sevdiği kulusun, seni yanına erken aldı. Lütfen bana yardım et. Bir yağmur damlası gibi hissediyorum kendimi kardeşim, okyanusta kaybolmuş bir yağmur damlası... Ne anlar okyanustan yağmur damlası... Boğuluyorum kardeşim. Boğuluyorum. Yardım et..."

Dert ne kadar ansızın gelirse insana,
derman da öyle ansızın gelir.
Sen Allah'a güven ve sabret;
inanç, mutlak zafer getirir.

Merve ümitsizlik suyunu içmek üzereydi, artık kalbi kaldırmıyordu. Sonunun kardeşi gibi olacağından korkmaya başlamıştı. Kilosu gitgide azalıyordu...

Tam o sıralarda engelli arabasında bir genç kız yanına yaklaştı. Bir adres tarif ederek oraya bakması gerektiğini söyledi. Merve'nin hiç ümidi olmasa da, son zamanlarını yaşadığını bilse de içinde vazgeçmeme ve mücadeleye devam etme arzusu doğdu.

Merve'nin karşısında üç çocuk vardı. Aralarından birinin saçları hafif kıvırcıktı. Tam da Ali Ağa gibi! Hiç konuşmadan birbirlerine bakan, betona oturmuş üç çocuk... Koşar adım yanına gitti. Çocuk gülümsüyordu, hep gülümsüyordu... Ayakları battaniyeyle kapalıydı. Bir fark vardı o çocukta; bir şey hissetti o an. O an bu an mıydı dostum! Evet, bu andı!

Hemen çocuğun kazağının kolunu sıyırdı. Oydu! Düşüp bayılmamak için kendini zor tuttu.

Kelimelerin anlamsız kaldığı anlardan biriydi. Ne anlatırsam, ne yazarsam bunun tarifi olmayacak. O yüzden düşün, o anı düşün, empati yap dostum! Yeğenini buldu! Ona öyle bir sarıldı ki...

"Buldum! Buldum seni! Annene verdiğim sözü tuttum teyzeciğim, buldum seni!"

Merve'nin yüzünde resmen çiçekler açmıştı.

"Konuş benimle teyzeciğim. Bak, buldum seni. Bırakmam artık..."

Çocuğun ağzından anlamsız sesler dışında bir şey çıkmıyordu. Tek kelime etmiyordu. Sadece gülümsüyordu.

Çocuğu kucağına alır almaz koşar adım karakola doğru gitti. Yakalanırsa bile çocuğu asla vermeyeceğini tekrar ede ede... Lekeyi göstererek çocuğun onun yeğeni olduğunu polislere kanıtladı. Polislerin dikkatini çeken bir konu daha vardı. Yeğeninin ayakları artık yoktu! Dizlerinden aşağısı kesilmişti... Bu öyle bir kesilmeydi ki seneler geçmesine rağmen yara izleri hâlâ oradaydı. Kabuk kabuk...

Karakoldan, hatırladığı tek numarayı, eski eşinin köy numarasını çevirdi.

"Buldum onu, buldum! Mucizeyi gerçekleştirdim. Buldum! Yeğenime kavuştum!"

"Neredesin?"

"Sınır ötesi kasaba karakolundayım."

"Bekle beni. Seni almaya geleceğim."

"Kızgın değil misin bana?"

"Hayır, sensiz asla mutlu olamadım. Seni çok özledim. İyi ki aradın, geliyorum Merve!"

İki gün boyunca karakolda misafir kaldılar. Amir, çocuğu dilencilerin tekrar alacağını düşündüğü için onları yollamak istemedi. Sürekli yeğenini öpüyor, kokluyor, seviyordu. Yeğeninden bir kelime bile duyamasa da...

"Annenin mezarına götüreceğim seni. Anne demen gerek ona yeğenim, sözümüz var." dese de çocuğun tek yanıtı gülümsemekti.

Bu kadar acıya rağmen gülümseyen bir çocuk!

***

Sonunda Merve'nin eski eşi geldi ve ikisinin o hâllerini gördü; gülümseyen bir çocuk ve ona sımsıkı sarılmış teyzesi...

Konuşamadan, uzunca birbirlerine baktılar. Merve ağlamaya başladı. Eski eşi ona sarıldı.

"Yeni bir hayat kuralım..."

"Kuralım."

"Merve, ben babanın yanına bir daha dönmem."

"Ben de dönmem. Hem dönsem de kabul etmez ki."

"Tamirat işlerinden çok iyi anlıyorum, biliyorsun. Ne iş olsa yaparım zaten. Başka şehre gidelim."

"Gidelim."

"Geçmişi silip yeniden başlayalım."

Merve yeğenine baktı ve "Evet. Üç kişilik yeni bir hayata başlayalım." dedi.

Gerçekten de tamirat işlerinden iyi anlıyordu, ne iş olsa yapardı. Öyle biriydi kocası. Uzak bir şehir seçtiler kendilerine. Çok az parayla hayata sıfırdan başlayacaklardı ama ikisi de umut doluydu. Mutlu olmak için yeni bir hayat şarttı. Bunu biliyorlardı.

Ama öncesinde yapmaları gereken bir şey vardı; anneyle oğlunu kavuşturmak... Yolculuk öncesi mezarlığa gittiler.

Merve, "Sözümü tuttum!" diye başlayarak tüm içini döktü. Daha önemlisi, çocuğun ona anne demesiydi ama konuşmuyordu. Belki de dediklerini bile anlamıyordu.

Merve çok ısrar etti, "Yeğenim lütfen, yalvarırım bir kere anne de."

Gülümseme...

"Yeğenim bak, annenin son anları anne demeni istemekle geçti."

Gülümseme...

Merve ve eşi ne kadar uğraşsa da çocuğu konuşturamadı.

Yeğeni garip sesler çıkarabiliyordu ama kelime çıkarmıyordu. Sadece gülücük vardı!..

Merve, Deniz'e orada bir kez daha söz verdi, "Kardeşim, ben yeğenime öyle bir bakacağım ki gör bak, anne diyecek ve buraya tekrar geleceğiz..."

Dualarını okudular ve yola koyuldular.

***

Erkut hikâyeyi tekrar böldü.

"Bir hayatta her zaman yokuşlar olur ama genel olarak düzlük yol çoktur. Her daim engeller de çıkabilir fakat bu hayat öyle bir hayat ki düz yol yok, hep yokuş! Hep engel... Tam bitti dediğim, sanırım umuda kapı açıldı ve o kapıdan girildi, diye düşündüğüm sırada... Hayır dostum, o umut bir şekilde kendini boşluğa, karanlığa atıp kayboluyordu...

Birisinin mutluluktan alacağı varsa, inanın bana Deniz'in ve evladının alacağı vardır. Deniz'in bu dünyada olmasa da diğer dünyada alacağına eminim. Çektiği dertler ahiret içindi belki de... Evladı, babası tarafından engelli bırakılmış, satılmış; satıldığı kişiler tarafından dilencilik yaptırılmıştı... Bakalım alabilecek mi bu hayattan borcunu..."

Salondakiler dua ediyor gibi bir hâle büründüler. Merakla beklemeye devam ettiler. Bu kitabı okuyan senin gibi dostum...

Yıllar Sonra...

Merve evde tüm gün yeğeni ile ilgileniyordu. Yeğeninin ameliyat şansı kalmamıştı. İki ayağı sadece protez ile kurtulması mümkün olan bir duruma gelmişti ama Merve'nin ve doktorun özel çabasıyla yeğeni, kabuk bağlayan yaralardan çoktan kurtulmuştu. Her hafta iki gün konuşma terapisine ve psikiyatriste gidiyorlardı. Psikiyatristin dediğine göre çocuk kendine tamamen bir duvar örmüştü, geçmişe dair hiçbir şey hatırlamıyordu. Duvarın adı da gülümseme; o yüzden Merve üç senedir ağzından hiçbir şekilde bir kelime alamamıştı ama yeğen teyze ilişkisi öyle ilerlemişti ki hiç konuşmasa da gülüş tarzından ve hareketlerinden ne demeye çalıştığını Merve hemen anlıyordu.

Merve'nin üç yıl içinde yaptığı bir şey daha vardı; yeğenine okuma ve yazma öğretmişti. Ayrıca özel eğitim alıyordu; hatta öğretmeni çocuğun ileri zekâlı olduğunu söyleyip duruyordu. Yaşıtlarına göre algılama kapasitesi gerçekten çok yüksekti.

Yıllar yılları kovaladı. Merve yeğeninin üstüne o kadar düşüyordu ki... Tek amacı sözünü tutmak ve onu konuşturmaktı.

Ayakları olmasa da kendiyle gerçekten çok barışık bir çocuktu. Her gülüşünde engelin beyinin içinde olduğunu yansıtıyordu resmen...

Beşinci yıla geldiğimizde –on bir veya on iki yaşında, kesin söyleyemiyorum dostum– çocuk konuşmaya başlamıştı... Özel eğitimler, psikiyatrist destekleri ve tabii ki Merve'nin çabaları hayata tekrar yeni bir adım atmasını sağlamıştı.

O gün, Merve'nin en mutlu olduğu gündü diyebilirim. Havalara uçmuştu resmen. Her yere giderken sırtında, kucağında taşıdığı yeğeninin adına tek istediği konuşması, hayata bağlanmasıydı. Kardeşine verdiği sözü tutmak tek amacıydı. Aralarındaki iletişim bağı çok kuvvetliydi.

Her gün yeğenini kucağına alıp oradan oraya geziyor ve yeğeninden gördüklerini tek tek anlatmasını istiyordu. O da teyzesini kırmıyor; ağaçta kuş görmesinden arabaların rengine kadar her detayı teyzesine anlatıyordu. Dünyaları veriyordu cümleleriyle...

Artık eğitim ve arkadaş edinme zamanıydı fakat eğitime başlamadan önce, ona özel eğitim veren öğretmenin çabalarıyla ileri seviye zekâ ölçümü için bir sınava girecekti. Bunun sonucuna göre hareket edilecekti; böylece yaşıtlarından geri kalmayacaktı.

Sınava girdi ama onun için aşırı kolay bir sınavdı. 10 üzerinden 9.5 notuyla geçmişti. Bu sonuç doğrultusunda tekrar sınav istediler. Eğer bu sınavı da geçerse normalde yaşıtları orta bire giderken o orta sona gidecekti. O sınavı da başarıyla geçti, 10 üzerinden 9 almıştı.

Ortaokul son sınıftan eğitime başlayacak, yeni arkadaşlar edinecekti...

Merve'nin en ağrına giden şeylerden biri, yeğeninin pencereden diğer insanları izlemesiydi... Artık eksiği yoktu, ayaklarının olmaması yeni hayatı için bir engel değildi; engel beynindeydi. Onu da yenmişlerdi. Kelimeleri ağzından çoktan almıştı teyzesi...

Eniştesini unutmayalım; bir gün bile ağzını açmadı, Merve'nin yeğenini kendi evladı gibi gördü. Tüm kazancını onun eğitimi, psikolojik desteği, diğer insanlardan geri kalmaması adına ne varsa onun için harcadı ve buna mutlu da oldu...

Ali Ağa'dan hiç haber yoktu diyeceğim ama vardı. Merve'ye de kâğıt imzalatmıştı! Yeni hayata başladıklarında bir mektup gelmişti ve o mektupta ne gerekiyorsa imzalamıştı Merve. Miras reddiyle ilgiliydi. Ondan sonra da hiç mi hiç haber gelmedi...

Babasını da unutmayalım, diyeceğim de unutalım!

Okulun ilk günü gelip çattı...

Yeğeni Merve'nin kucağındaydı ve okula gitmek istemiyordu, eniştesinin kendisi için yaptığı bir kızağın üzerine yerleştirilen sandalyeye oturdu ve okula gittiler fakat okula gittiklerinde diğer çocukların anlamsız bakışları neşelerini kaçırmıştı.

Eniştesi, "Bu duruma üzülmemelisin; aksine gülüşünü suratından eksik etmemelisin. Herkes senin nasıl güçlü biri olduğu görecek. Evet, kimse senin geçmişini bilmiyor ama sen çok güçlüsün! Bize engelin sadece beyinde olabileceğini sen öğrettin. Şimdi onlara öğretme zamanı!" dedi.

Teyzesi sıkı sıkı elini tuttu, "Git ve öğret!"

Dostlum, o okulun ilk yılı kırılgan yapıya sahip bu çocuk için âdeta zehir olmuştu.

Dalga geçmeler, hor görmeler...

Farklı göründüğü için ötekileştirilmişti. Kimse onunla arkadaş olmak istemiyordu. Onu olduğu gibi kabul etmek yerine olduğu gibi yargılayan insanlarla doluydu okul...

Farkındalıklara saygı duymak eğitime dâhil edilmeli.

Tek bir arkadaşı vardı: Güzel saçlı Elfida. Fransa'dan gelen Türk bir ailenin kızıydı. Saçları güneş gibiydi. Herkes bayılıyordu saçlarına...

O yaşlarda platonik bir aşk besler gibi seviyordu Elfida'yı. Zaten ona iyi davranan tek kişi oydu. Diğerleri ona yalnızca vücudundaki engelini hatırlatarak aşağılarken Elfida'yla konuştuğunda bir engelinin olduğunu bile unutuyordu. Elfida yalnızca iyi hissetmesini sağlamakla kalmıyor aynı zamanda ona zorbalık yapanların karşısına dikiliyordu. Bir gün sınıf arkadaşlarından biri karşısında yemek yerken cahil aklıyla onunla dalga geçmek için, "Hadi git sen de kendine yemek alsana. Alamazsın ki ayakların yok." demişti. O sırada bunu duyan Elfida koşarak iki tost alıp birini kendine birini engelli arkadaşına uzatmıştı, "Senin arkadaşların var. Gidip alır getirir, dert etme. Bu bir eksiklik değil."

Eniştesi ve teyzesi dışında ilk defa biri ona destek oluyordu. Hayatında yediği en leziz ikinci yemekti. O, birinci sansa da, hatırlamasa da annesinin ekmek ıslatarak yaptığı köfte en sevdiği yemekti.

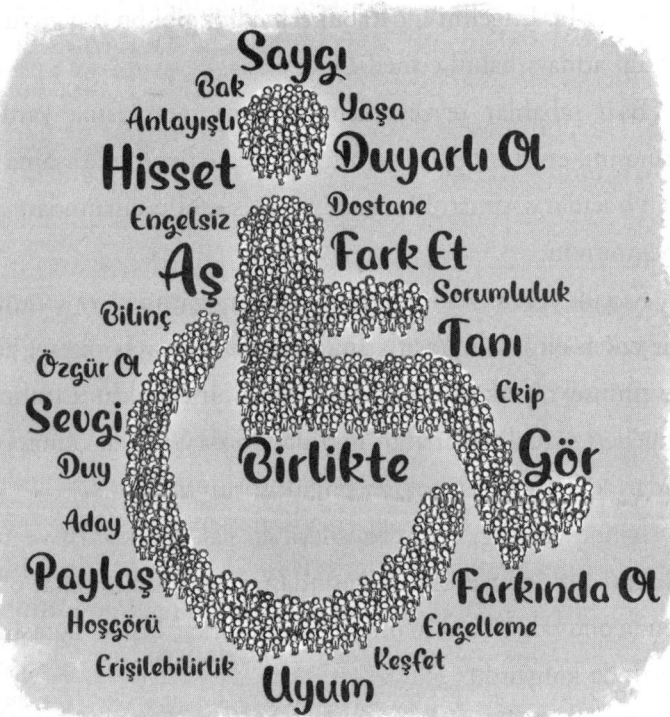

Aşk zamanı!

Ortaokul bitince liseye de beraber gidip gelmek için Elfida'yla aynı okula yazıldılar. Artık Elfida bizim çocuğun en büyük destekçilerinden biriydi. Ve aşk en çok Elfida'ya yakışırdı... Kalbini böyle hızlı attıran duygunun adı aşk mı, onu bile bilmiyordu. Engelini hiç kabul etmediği gibi bu duyguyu da söküp atmayı kabul etmedi.

Bazı sabahlar teyzesinden saçlarını taramasına yardım etmesini, eniştesinden parfümünü rica ediyordu. Yaşama isteği o kadar artmıştı ki teyzesi ve eniştesi bu durumdan çok memnundu.

Küçük yeğen neler atlatmıştı, neler geçirmişti ve sonunda bir erkek olmuştu. Yaşıtlarına göre de fazlasıyla olgun, zeki ve zihinsel olarak gerçekten çok üstün bir çocuktu. Etrafında engelleri sürekli hatırlatan insanlar ya da bakışlar olmasa sıradan kalkamaması çok da büyük sorun değildi.

İçinde yaşadığı çekirdek ailesi, en yakın arkadaşı ve âşık olduğu Elfida sayesinde hayatından memnundu. Fakat okulunda onu rahat bırakmamaya kararlı birkaç kişiyle uğraşmak zorunda kalıyordu.

"Sen eksiksin! Hiçbir zaman da erkek olamayacaksın!"

Normalde böyle cümleleri duymazdan gelmeyi başarabilen biriydi fakat Elfida varken erkekliğinin sorgulanması hoşuna gitmemişti.

"Efendim? Seni duymadım. Tekrar eder misin?"

"Erkek olamayacaksın diyorum, erkek!"

"Yine duymadım!"

Cahil ortaokulda da aynıdır, lisede de. Dalga geçmeyi marifet olarak gördüğü için kulağının dibine kadar yaklaşıp bağırmaya başlamıştı ki yumruğu yedi.

O günden sonra okulda erkekliği hakkında bir şey duymamasını sağlamıştı fakat eve gidip teyzesi ve eniştesine durumu anlatınca bu durum hoşlarına gitmedi. Özellikle de Merve teyzesinin...

Merve teyzesi, "Ben seni sevgiyle büyüttüm. Bir daha asla kimseye vurmayacaksın!" dedi.

"Ama teyze..."

"Sana eksik diyen eksik gözlere sahiptir. Sendeki zekâyı, güzelliği göremiyorlar. Okula ilk gittiğin zaman söyledim, öğret onlara. Yumrukla olmaz. Sendeki gücün yarısına bile sahip değiller.

"Ne yani teyze, ben fazla mıyım?"

"Hayır, sen ne eksik ne fazlasın. Sen normal birisin, normal bir insansın ama normal olan ne varsa sende güzelleşiyor..."

O gün kendini gerçekten normal bir çocuk gibi hissetmişti. Sadece merdivenleri çıkamıyor, ayağa kalkamıyor ve koşamıyordu ama normaldi işte. Hatta kolları diğer insanlara göre çok daha güçlüydü, sürekli bedenini taşıdığı için... Hem yeteneği de vardı, hatta bir gün önünde duran bir kâğıda teyzesini çizmişti... Hafiften kırışmaya başlamış alnını o kadar güzel resmetmişti ki... Saçlarını, güzel gözlerini, büzülen dudaklarını...

Resim bitince teyzesi hayranlıkla, "Ben bu kadar güzel miyim be?" diye sordu.

"Sen en güzelsin teyze..."

Oy diyerek sarılmıştı teyzesi...

Enişte araya girerek, "Kıskanırım ama ben..." dedi.
"O zaman daha sıkı sarıl teyzene. Hadi hadi."
Enişte de gelip sarılmıştı...
Mutlu, güzel bir aile anı esnasında o gün bizim çocuğun diyeceği bir şey vardı.
"Teyze, annemle babamın mezarına gitmek istiyorum."
Evdeki sevgi dolu o an bir anda parçalanmış, yerini kara bulutlar almıştı çünkü Merve yeğenine annesinin ve babasının bir trafik kazasında öldüğünü anlatmıştı. Bacaklarının ise doğuştan öyle olduğunu... Bu, Merve'yi vicdanen rahatsız hissettirse de o an bir çıkış yolu olarak bunu bulmuştu.

Yalan kötüdür ve kötü ne olursa olsun bir gün kesinlikle ortaya çıkar!

Yeğenine cevap veremeden kocasının yüzüne bakakaldı.
O an müdahale etmesi gerektiğini düşünen enişte söze girdi, "Gideriz tabii, niye gitmeyelim? Hem sen güçlü birisin, artık gitme zamanı gelmişti zaten. Okullar tatil olsun, öyle gidelim. Biliyorsun, uzak mesafedeler. Günler alıyor yolculuk..."
"Tamam enişte, teşekkürler... Zaten az zaman kaldı..."
Ertesi gün koşa koşa gidip (ruhu koşuyordu) olanları Elfida'ya hemen anlattı.
"Okullar tatil olunca eniştem beni annemin ve babamın mezarına götürecek. Çok mutluyum..."
"Onlara ne olmuştu? Hiç anlatmadın."
"Annemle babam sınırda araba kazası yapmışlar. O zaman vefat etmişler. Ben teyzemgilde emanetken..."
Elfida, "Çok üzüldüm." diyerek elini sımsıkı tuttu...

Kalbinin bu kadar hızlı atabileceği hiç aklına gelmemişti. Kuracağı cümleleri unutup, gülümsemeyi yine bir zırh gibi suratına geçirip gülümsedi...

Keşke hiç bırakmasa elini... Fakat öğretmen sınıfa girince Elfida elini çekip sırasına geçti...

Ders boyunca tüm masumluğu ile o anı düşünüp durdu. Bunu fark eden öğretmeni hemen bir soru sordu. Dört haneli sayıların çarpmasını bile hemen yapan bizim çocuk, hocasına cevap bile verememişti, hem de ilk kez bir soruya cevap verememişti... Öğretmenden azar işitmesine rağmen hâlâ gülümsüyordu. Böyle durumlarda normal biri olduğunu daha fazla hissediyordu. Tek hissettiği buydu. Acıyan bir bakıştan ya da merhamet duygusuyla, "Ya sen bilmesen de olur." diye düşünülmesindense azar çok daha iyiydi.

**Geçmişi toprağa gömersen
yarınlar sana gül kokulu bahçeler
sunabilir.**

Yaz tatili geldiğinde eniştesi ve teyzesi, söz verdikleri gibi yeğenlerini anne ve babasının mezarına götürmüştü. Annesinin mezarı sınırdaki bir köydeydi, babasının mezarıysa sınıra yakın kimsesizler mezarlığında...
Merve sınıra yaklaştıklarından beri sürekli ağlıyordu...
"Teyze, annemle babamın mezarı neden ayrı yerlerde?"
"O zaman yer yoktu, öyle denk gelmişti."
Deniz'in mezarına geldikleri an Merve daha fazla dayanamadı ve bayıldı. Onca yıl sonra buraya tekrar gelmek çok çok ağır gelmişti. Kaldıramamıştı... Kocasının yardımıyla kendine gelmişti ve kardeşinin mezarının başına oturmuştu... Kalkmak istemiyordu...
"Arabaya geç. Hadi, Merve..."
"İyiyim iyiyim, geçti. Burada iyiyim..."
Yeğeni de teyzesinin yanına oturdu ve gülümsedi. Tam o sırada mezarlığın girişinde duran büyük rüzgâr gülü dönmeye başlayınca rüzgâr eserek tüm tüylerini diken diken etmişti. Merve de yeğenine, "Bak, annen bize selam verdi." diyerek tebessüm etti.

"Emanetin bende kardeşim. Ona çiçekler gibi bakıyorum, hiç merak etme. Sözümü tutmaya geldim. Çok geç olsa da..."

"Ne sözü teyze?"

"Annen senin anne dediğini hiç duyamayınca ben de rüyamda annene söz vermiştim. Dua ederken güzel annem diyerek et de sözümü tutmuş olayım."

"Kaç kere dedim içimden teyze, bir bilsen..."

Teyzesi ve eniştesi arabaya geçti. Yeğenlerini otuz dakika civarı beklediler.

Yeğen gözyaşları içinde geri döndü...

Şimdi kimsesizler mezarlığına gidecekler, bir mezar bulacaklar ve baban bu diyeceklerdi... Yaşadığı onca dert ve kahrın üstüne babasının kötülüğünü asla anlatamamışlardı. Hayatını altüst etmek doğru gelmemişti.

Kimsesizler mezarlığına geldiklerinde Merve arabadan hiç inmek istemedi.

Eniştesi gitti, bir mezar bulup gösterdi. Dua ettiler. Yeğeni biraz tek kaldı. Sonra da döndüler.

"Babam nasıl biriydi, teyze?"

"Normal biriydi, yani..."

"O zaman ona neden dua etmedin?"

"Ettim tabii ama içimden. Sadece gelmek istemedim."

"Ben anlarım, teyze. Sen babamı sevmiyorsun!"

Merve sessizleşmiş, cevap verememişti. Anne ve babasının mezarına gelmek çok merak uyandırmıştı bizim çocukta, o yüzden sorular beyninde dönüyordu.

Annem nasıl biriydi? Acaba teyzem kadar şefkatli miydi? Saçları ne renkti? Annemin keşke bir fotoğrafı olsaydı... Acaba babam iyi biri miydi? Teyzem dua bile etmedi, neden acaba?

Eve gelirken eniştem gibi çikolata getiriyor muydu ya da parka götürür müydü eniştem gibi... Saçlarını sevmiş miydi annemin? Annemin kokusu nasıldı? Araba kazasında gözlerinin önüne acaba ben gelmiş miydim? Doğduğumda bacaklarım yoktu, ne hissettiler? Yoksa beni atmak mı istediler? Teyzem ve eniştem gibi sen eksik değilsin mi dediler? Hiçbir şey bilmiyorum, hiçbir şey! Keşke daha fazla bilgim olsaydı.

Kendi kendine bunları düşünürken, "Teyze, annemle babam, sen ve eniştem gibi birbirlerini çok seviyor muydu?

"Evet, seviyorlardı."

"Peki, benim böyle engelli doğmam onlara sorun oldu mu?"

"O nasıl söz? Asla olmadı tabii ki."

"Beni seviyorlardı yani."

"Tabii ki seviyorlardı, hem de çok."

"Benimle oyun oynar mıydı babam?"

"Hadi, hadi artık. Çok soru sordun. Sus da dua edeyim..."

Merve daha fazla yalan söylemek istemiyordu, vicdanı el vermiyordu. Dönüş yolu boyunca hiç susmadan ağladı...

Eve döndüklerinde ise kuru ekmeği ıslatarak yeğenine köfte yaptı. Kardeşine söz verdiği gibi... Yeğeninin en sevdiği yemeği...

**Unutma ki dostum;
söz vermek borçtur ve borcu ödemek ise
namustur.**

Erkut böldü.

"Geçmişi bilmeyen biri için geçmişinden kurtulmak ne kadar basit, değil mi?

Oysaki her şeyi biliyordu fakat beyninde öyle bir şartlandırmıştı ki kendini, öyle bir unutmuştu ki, artık hatırlaması bile mümkün değildi. O dilencilik yaptığı yıllarda hatırlamayı bile unutturmuştu kendine...

UNUTMAYI BİLE UNUTMAK PAHA BİÇİLEMEZ BİR DUYGUDUR.

Gülümsemeyi kalkan yapmış, tüm gözyaşını silip atmış. Garip geliyor bana ama başarmış. Hepimiz başarabiliriz. Engel beyinde başlar, beyinde biter. Her şey geçicidir. Düşünce gücüyle yenemeyeceğimiz şey yok...

Biraz Elfida'dan bahsedeceğim ve sonra hikâyenin son kısmına geleceğiz... Her şeyiyle hayatımı değiştiren bu hikâyeyi bilmenizi istiyorum..." diyerek devam etti Erkut.

**İnsanı insan yapan bedeni değildir.
İnsanı insan yapan kalbinin sesidir.**

Üniversite sınavına girecekleri yıl Elfida hastalanmıştı! Astım yüzünden bazen nefesi tıkanıyor, bazen de ilaçlar yüzünden yorgun düşüyordu. Bizim çocuk her gün Elfida'nın ziyaretine gitti, okulda anlatılan dersleri özet geçerek sınavlara çalıştırdı.

"Sen üzülme, ben yanındayım. İnan öyle bir ders çalışacağız ki herkesten daha ileride olacaksın."

Dediği gibi de yapmıştı. Her akşam okul çıkışında bir iki saatliğine Elfida'ya uğruyor ve hızlandırılmış kurslardaki gibi anlatılanları özetliyordu.

Bir akşam onu okuldan aldığında eniştesinden bir ricada bulundu, "Elfida'ya bir çiçek alabilir miyiz enişte?"

"Tabii ki, ne demek ya... Daha önceden niye aklımıza gelmedi ki."

"Hangi çiçeği seviyor acaba?"

"Bilemem yeğenim, sen bileceksin onu da..."

Elfida hangi çiçeği severdi bunu bilmiyordu, dersler dışında hiçbir şey konuşmuyorlardı ki... Sarı saçları ve beyaz yüzüyle papatyaları anımsatıyordu. Kocaman bir buket papatya yaptırdılar.

Heyecan doluydu resmen. İlk defa bir çiçek buketi tutuyordu ve sevdiği kıza verecekti...

Eve vardılar. Bahçede ders çalıştıkları masaya eniştesinin yardımıyla oturdu. Elinde buketlerle, Elfida'nın gelmesini bekliyordu fakat annesi geldi.

"Bu çiçekler ne için?"

Bizim çocuk, sert bir ifadeyle sorulduğu için tedirgin oldu ve ne diyeceğini bilemeden, "Şey... Elfida'ya geçmiş olsun demek için almıştım."

"Çocuğum, sen iyi misin? Hastalığını daha kötü yapacak bir şey nasıl geçmiş olsun için alınır ki? Onun hastalığına ilgin bu kadar mı?"

"Anlayamadım."

"Elfida alerjik astım, sen ona polen döken koca bir buket papatya almışsın."

"Bilemedim. Tabii, haklısınız. Özür dilerim..."

"Sen ver onları bakayım bana." diyerek mutfağa yöneldi ve açılan çöp kovasının sesi duyuldu; buket pat diye de içine atılmıştı. Geriye dönen kadının elinde çiçek yoktu fakat yüzünde öfke ve dilinde iğne vardı. Pencereyi sonuna kadar açtı.

"Çiçekleri çöpe attım. Pencereyi de iyice açtım, havalansın. Kızımın, güzelimin nefesi tıkanmasın düşüncesizlikten..."

Konuşamadı. Ne diyeceğini bilemedi. Sadece önündeki kitaba baktı.

Annesi devam etti, "Bak canım benim, sen iyi bir çocuksun, buna sözüm yok. Sayende kızım derslerden geri kalmadı hatta daha iyi olduğunu bile söylüyor ama kızımla ilgili başka planların varsa sakın ola gerçek olacağını düşünme. Benim kızım pırıl pırıl, güzeller güzeli... O benim en değerlim, tek

varlığım... Bu sene inşallah çok güzel bir bölüm kazanacak. Üniversite bitince de ona layık biriyle evlenecek..."
Son cümle canını çok yakmıştı.
Başkasıyla evlenmesi mi? Başka bir erkekle birlikte olması mı? Daha önce hiç ama hiç bunu düşünmemişti. Aklının ucuna dahi gelmemişti. Bu çok can yakıcı bir düşünceydi. Okulun en güzel kızlarından biri olmasına rağmen Elfida hiçbir zaman erkeklerin teklifini kabul etmez hatta hiç kimseyle muhatap dahi olmazdı.

Annesi devam etti, "Ben biliyorum, siz sadece arkadaşsınız, buna da asla sözüm yok fakat çocukça hayallere kapılmanı istemiyorum; o yüzden uyardım seni. Benim kızımın gerçek bir hayat arkadaşına ihtiyacı olacak. Kızımın ömür boyu bir engelliye bakmasını istemiyorum. Hem kızım narin, kırılgan biridir, fikirleri de çok çabuk değişir. Sen aklını başına al çocuğum."

"Ama ben..."

"Ama sen kızıma getirdiğin papatyalar gibi zehirlisin çocuğum, anlamıyor musun? Onun hayatını asla kimsenin mahvetmesine izin vermem. Bunu böyle bil!" dedi ve öfkeyle mutfağa doğru gitti. O sırada bahçenin kapısından Elfida içeri girdi. Evde çok bunaldığı için yürüyüşe çıkmıştı. Keşke şimdi ayağa kalkıp buradan gidebilseydi. Oysa gidebilmek için kendisini alacak eniştesini beklemek zorundaydı. O an gerçekten bir engelli gibi hissetmişti.

Bir zihnin engelli olması ne kadar acı!

Elfida gelince ona dersi anlattı. Bizim çocuk eniştesini beklemeye başladı. Elfida çok neşeliydi. Neredeyse tamamen iyileşmişti, okula dönecekti.

"İyi ki varsın. Sen olmasan derslerden çok geri kalacaktım."
Birden tüm her şeyi unuttu. Elfida'nın annesinin engelli olan zihninden geçen diline düşmüş, bizim çocuğun kalbine bir ok gibi saplanmıştı. Sen de iyi ki varsın, demek istiyordu ama o cümle dilinden çıkmıyordu. Zaten o sırada yanlarına sahte bir gülümseme, elinde meyve suları ile Elfida'nın annesi geldi.

"Hiç önemli değil." diyebildi sadece. Yutkunarak. Oysa çok önemliydi. Burada olmak, yakın olmak, ona yardımcı olmak... Hayatta her şeyden önemliydi.

Kalbinde bir acıyla ve düşmüş suratıyla eve döndü. Uzun zamandır asla bırakmadığı gülümsemesini artık bırakmıştı. Direkt odasına çekildi. Sadece düşündü ve düşündükçe bir şey fark etti. Daha önce de böyle üzülmüştü sanki; bu kalp kırıklığı, gurur incinmişliği daha önce de yaşadığı bir histi sanki... Öyle ki ne yaşadım diye kendi kendine söylenirken, "Ne yaşadıysam yaşadım, geçmiş umurumda değil. Geleceğime de kimse engel olamaz." diyebilecek kadar güçlüydü!

Çünkü kendisi hatırlamasa da inanın bana bilinçaltı hatırlıyordu; ne kadar güçlü olduğunu, neler atlattığını, neler yaşadığını...

Uyuyamadı... Hayal kurdu. Hayallere de engel yok ya!

Sabah okula gitti. Sınav zamanı yaklaşmıştı artık. Dersler biraz daha hafiflemiş, okula çok önem verilmeyen zamanlara gelinmişti. Öğrenciler kendi akışına bırakılmış, sınavlarına çalışmalarına teşvik edilmiş gibiydi...

Öğretmenler sınıfta bir eğlence düzenlemişti. Pastalar yapılmış, börekler alınmıştı. Müdürün odasından kasetçalar getirilmiş, oyun havaları çalınmıştı.

Sınıftaki çocuklardan biri Elfida'ya illa gel beraber dans edelim diyordu fakat Elfida oynamayı sevmediğini söyleyerek onu reddetmişti.

Bunu duyan bizim çocuk hemen, "Ben de sevmem biliyor musun?" diyerek gülümsedi.

Elfida da hemen tebessümle, "Ama ben seninle oynardım bak!" dedi.

"Dans eder miydin, yani benimle?"

"Evet ederdim hatta ederim de..."

"Ama nasıl?"

Oturduğu yerde Elfida omuzlarına ellerini koydu, bedenini sağa sola sallamaya başladı. Bizim çocuk hemen başını sallayarak, gülümseyerek ve gözlerini kapatarak devam etti. Dünyanın en güzel dansını yaşıyordu... Ve hayal değildi. Rüya değildi... Engeller, engel değildi!

***

Erkut böldü.

"Zihni ya da kalbi engelli olan insanlara birkaç sözüm var...

Bir gün bir engelli sandalyesine oturup koşmayı denesinler.

Gözlerini bağlayıp yirmi dört saat yaşamayı denesinler.

Ya da kollarını bağlasınlar ve üç öğünü onlara başkasının yedirmesini beklesinler.

Mesela ağızlarını bağlayıp şarkılar söylemeyi denesinler.

Annesinin sesini hiç duymadan, babasının sesini hiç duymadan yaşamayı bir düşünsünler.

Empati dostum, empati...

Engellilere engel olmayı bırakmamız gerekiyor.

Asıl engel olmaktan vazgeçmemiz gerekiyor.
Bilenin bilmeyene öğretmesi gerekiyor.
Bir yardıma ihtiyacın var mı diye sormak yerine yardımcı olmak isterim demek daha iyidir. Oradaki ince çizgiyi çekmek gerekiyor.
Unutmayalım, ne demişler: Her insan bir engelli adayıdır."

***

Üniversite sınavı oldu geçti. Sonuçlar beklendi. Ve sonuçlar açıklandı...

Bizim çocuk, ülke çapında derece yapmıştı. Teyzesi ve eniştesi havalara uçtu.

Merve, "Seninle gurur duyuyoruz, yeğenim. Bize bu gururu yaşattığın, imkânsızları başardığın için teşekkürler..." diyerek ağlamaya başladı.

Enişte hemen, "Sen bakma teyzene, o hep ağlar. Sadece mutlu olalım bugün ya, gözyaşı yok. Hadi yeğenim, gel. Bahçeye çıkalım bir..." dedi.

Bahçeye çıktılar. Çocuk gözlerine inanmadı. On sekiz yaşına geldiğinde hani ehliyet, gerçek araba falan alır ya aileler, öyle bilinir. Eniştesiyse ona bambaşka bir sürpriz yapmıştı.

"Bu benim için mi enişte?"

Kendi imkânlarıyla, tekerlekleri dönen harika bir sandalye yapmıştı yeğeni için.

"Beğendin mi, yeğenim? Sınav hediyen."

"Çok beğendim, enişte. Çok sağ ol..."

"Artık bir yere gitmek istediğinde bana ihtiyacın yok, yeğenim amaaaa tekerlekler köşeleri dönmede yetersiz. Aman diyeyim, dikkatli çevir..."

"Tamam enişte. Sen hiç merak etme, o iş bende."

"Gel bakalım. Otur sandalyene, bir bak." diyerek yardım etti eniştesi.

"Oo, artık tüm yollar benim be..."

"Bak, yokuşlarda ve dönemeçlerde dikkat edeceksin."

"Söz, enişte. Hadi, asfalta çıkar beni."

"Nereye? Dur hele bir."

"Aaa enişte, sorunun güzelliğine bak! İlk defa nereye diye soruyorsun bana. Çok hoşuma gitti..."

"Serserilik etme yeğenim bak..."

"Serserilik güzel fikirmiş, enişte. Serserilik etmeye gideceğim..."

Enişte kahkahayı bastı.

"Elfıda'ya gideceğim. Sınav sonuçlarını öğrenmeye..."

Tekerlekleri çevirdi, gaza basar gibi devam etti.

Eniştesi mutlu gözlerle bakıyordu. Arkasından seslendi, "Çok hızlanma bak yeğenim..."

Bizim oğlanın cevabı daha güzeldi: "Hayat yavaş yaşanmıyormuş be eniştem..."

Her günü ayrı bir şükre değerdi gerçekten. İlk defa kendi kendine sokaklarda tekerleklerini döndürebiliyordu. Elfida'nın evine yaklaştığında yavaşladı. Elfida onu böyle görünce çok sevinecekti. Sessiz sessiz tam balkonlarının arkasına doğru geldiğinde Elfida'nın annesinin sesi belirdi... Baskın bir ses tonuyla kızıyla konuşuyordu.

"Kızım, sen neden anlamak istemiyorsun? Sınav sonucunu daha biz kutlamadık, sen o çocuğa müjde vermeye gitmek istiyorsun. Şaka gibi!"

"Anne, o benim için çok değerli. Kaç kez söyleyeceğim... O olmasa başaramazdım!"

"Seni böyle kendine bağladı işte. O var ya o, ne kurnaz tilki! Sana ders çalıştırdı, şimdi de vicdan yaptırıyor. Ona acıyorsun, değil mi! Sen kimseye borçlu değilsin, kızım. Bu sene olmasa diğer sene olurdu!"

"Anne, sen nasıl konuşuyorsun? Ne bu nefret?"

"Nefret mi? O kim ki ondan nefret edeceğim kızım ben! Engelli, kötürüm, sakat bir oğlan o! Annesi babası bile yok!"

"Teyzesi ve eniştesi var, anne. Ona ailesi gibi bakıyorlar. Hem engelli, kötürüm, sakat ne demek? Sapasağlam o!"

"Sonra da sen mi bakacaksın kızım ona! Sapasağlammış! Eniştesi olmadan buraya bile gelemiyor. Bir ömür bir engelliye bakmaya razı mısın sen? Ben geleceği görüyorum, ben senin annenim. Senin kötü bir karar verip saçma hayaller kurarak onların peşine düşmene izin veremem, kusura bakma!"

"Anne ben mutluyum böyle!"

"Sırf bana inat bu cümleleri kuruyorsun, başka bir şey değil. Hem o... Nasıl desem... Baba bile olamayabilir, farkında mısın? Nasıl para kazanacak, o da var! Biraz bunları düşün."

"Anne, baba olamayacağını nereden biliyorsun da konuşuyorsun? Para mevzusuna gelince de, aşırı zeki birisi o. En güzel yeri kazanıp okur, çok da iyi bir işi olur."

"Sağlam insanlar iş buldu, bir de engelliye iş verecekler. Haklısın!"

Bunları duyduğundan beri gözünden DENİZLERİ akıtmıştı bizim oğlan. Yavaşça ve sessizce oradan kaçıp gitti...
Bu cümleler nasıl cümlelerdi? Bir insanın nasıl böyle kötü bir kalbi olabilirdi?

BAZEN UTANÇ BİLE UTANIR...

Aynen böyle bir durumdu; utanılası... Sandalyesini, öfkesini ondan çıkarmak istercesine sürdü. Tüm hızıyla... Gözünde gözyaşlarıyla. O gülümseme yüzünden artık tamamen kaybolmak üzereydi.

Yokuştan aşağıya iyice hızlandı ve bir tümseğe çarparak tepetaklak devrildi.

Sandalye üstte, kendisi altta kalmıştı. Düştüğü yerde gökyüzüne bakakaldı. Bir his vardı, içini acıtan bir eksiklik... Daha önce de kalbi böyle kırılmış gibiydi. Farklı yerden, farklı bir şekilde... Hissediyordu ama neydi, inanın hiç ilgilenmiyordu...

Tek düşündüğü, kör olmuş bir kalbin engeliydi, ne diyeceğini bilmeyen bir dilin zehriydi fakat orada, kötülük içinde de güzel bir şey vardı! Düşünce gücüyle o anı güzelleştirmesini dilencilik yaparken öğrenmişti, o farkında değildi...

"Anne, o benim için çok değerli." demişti Elfida. Annesi ne derse desin onu savunmuştu, bunu yabana atamazdı. Gülümseme zırhı az da olsa geri gelmişti o sırada.

İki kişi, "Çocuk yere düşmüş." diyerek koşup geldi. "Yardım edelim sana, evladım. Nasıl düştün böyle? Ah garibim..."

"Garip değilim amca ben." diyerek sandalyeyi itekledi üstünden.

"Bir yerini kırmadın evladım inşallah. Ah garibim ya..."
"Amca, ben garip falan değilim."
"Oğlum bir sus ya. Kendini yukarı at, tut elimi."

Kollarına giren adamların desteğiyle sandalyesine geri bindi. Tahtına oturmuş bir kral gibi hissediyordu. Sandalyenin tekeri hafif yamulmuştu ama ENGEL DEĞİLDİ...

Pencereye çıkan bir kadın seslendi, "Oğlum, su veriyim. İçer misin?"

"İstemem teyze, çok sağ ol."

"Eve götürelim, ister misin?"

"Yok teyze, kendim giderim..."

Kimseyi daha fazla dinlemeden hızlanmak istiyordu. Tekerlekleri çevirdi ve ilerledi. Teker yamuk olsa da engel değildi ve bundan sonra da olmayacaktı.

Hayattaki mutluluğumuzu belirleyen,
hayata baktığımız gözlerdir dostum.
Acıyı gören acıyı yaşıyor,
mutluluğu gören mutlu oluyor...

Hayatın renkli tarafını seçmek veya görmek insanın kendi elindedir.

Eve dönüş yolunda tek düşündüğü Elfida'nın sözleriydi. *Anne, o benim için çok değerli.* Duyduğu kötü sözler canını çok acıtsa da Elfida bence kendisine âşıktı ama bu aşka annesi engeldi... Aslında tek engel o değildi fakat bizim çocuk henüz bilmiyordu.

Hayat sağ gösterip sol vurmasını iyi bilir, hatta en iyi o bilir. Sen hayal kurarken hayat, "Dur. Ben sana gerçekleri bir göstereyim, sen öyle devam et hayaline." der ve hayaller suya düşer.

Binanın önüne geldiğinde lüks bir araç gördü. "Vay be." deyip geçti. Kapıya indi ve kapıda eniştesine ait olmayan çok güzel bir çift ayakkabı vardı. Lüks aracın onlara gelen misafire ait olup olmadığını merak edip içeri girdi.

Merve kapıyı açtığında yüzü bembeyazdı.

"Teyze, bir şey mi oldu?"

"İçeri gel, yeğenim."

Teyzesinin yardımıyla salona geldiğinde salondaki misafiri gördü. Elinde bir dosya...

"Hoş geldiniz."

"Hoş buldum."

"Merve Hanım, siz mi anlatırsınız ben mi anlatayım?"

Enişte söze girdi, "Buyurun avukat bey, siz anlatın. Biz gerekli yerlerde müdahale ederiz. Yeğenim artık yetişkin. Sorun yok..."

"Dedeniz Ali Bey, iki ay önce vefat etti."

Dedesi mi? Adını dahi hiç duymamıştı. Teyzesi bazen eski yaşadıkları evi falan anlatırdı ama dedesi veya akrabaları hakkında asla konuşmazdı.

Yine de şaşırarak, "Dedem mi öldü?" diye sordu.

"Evet... Bu evraklarda tüm detaylar var. Hepsini okuyacaksınız fakat size bir özet geçmek istiyorum. Dedeniz annenizi ve teyzenizi evlatlıktan reddetmişti. Doğal olarak hiçbir miras hakkına sahip değiller. Mirasla ilgili hiçbir yerde sizin adınız geçmiyor fakat yasalara göre tek vâris siz gözüküyorsunuz. Tüm mal varlığı size ait. Tabii ki isterseniz ve imzalarsanız..."

"Tüm mal varlığı mı?"

"Vallahi say say bitmez. Binlerce dönüm arazi, iki adet lüks konak, dört at çiftliği, şehrin merkez noktasında sekiz adet arsa, on adet dükkân ve bankada altın döviz... Evraklarda hepsi detaylandırıldı."

Teyzesine bakakaldı. Bir şey vardı, bir şey, içini acıtan...

"Teyze, bu avukat ne diyor, ne anlatıyor?"

"Deden çok varlıklıydı, yeğenim. Doğru söylüyor."

"Neden bize hiç yardım etmedi o zaman?"

"Anneni de beni de evlatlıktan reddetmişti. Yardım edecek biri değildi o!"

"Ne demek ret? Şaka mı bu? Ne oldu ki?"

Eniştesi hemen araya girdi, "Deden zor bir insandı. Kendi söylediği onun için kanundu. Evlatlıktan reddetti işte, yeğenim."

"Annemi de teyzemi de, öyle mi?"

"Sana tek söyleyeceğim, ne annen ne teyzen bunu hak etmişti."

Merve ağlayarak, "Annen dünyanın en güzel kalpli insanıydı. Teyze, sen başkasın diyorsun ya, annen benden kat kat başkaydı. Ne annen ne ben affedilmeyecek bir hata yaptık. Dedenin inadı ve kindarlığı anneni bizden yıllarca uzak tuttu. Annen masumdu!"

Avukat konuya girerek, "Mirası devralmanız için bazı evrakları imzalamanız gerekiyor. Sonrasında işlemler başlayacak. On sekiz yaşını doldurduğunuz için de konaklardan herhangi birine hemen yerleşebilirsiniz fakat üstünüze geçmesi biraz zaman alabilir."

Önüne doğru uzatılan evraklara baktı, baktı ama eline almadı. Bir imzayla hayal bile edemeyeceği bir servete sahip olacaktı fakat o imzayı atmadı. Önce teyzesinden dedesini ve yaşadıklarını dinlemek istiyordu.

"Avukat bey, biz size haber vereceğiz. Siz şimdi müsaade isteyin ve haber bekleyin." diyerek eniştesine avukatı uğurlattı.

"Bana anlatacaksınız… Dedem nasıl biriydi, neden annemi ve seni evlatlıktan reddetti; her şeyi anlatacaksınız…"

"Bu miras senin hakkın, yeğenim. Geçmişte yaşanan hiçbir şeyin sorumlusu sen değilsin. Sen masumsun, günahsızsın…"

"Teyze boş ver mirası, beni boş ver… Dedem neden böyle yaptı?"

"Deden bize hayatı zindan ederdi. Anneni de beni de her gün dövüp söverdi. İnan bizi hiçbir gün sevmedi. Bir kabahatimiz olsa da olmasa da kızını dövmeyen dizini döver, deyip döverdi. Anneannen öldüğünde annen de ben de çok küçüktük... O kalan konaklardan birinde hatta en büyüğünde üç kişi yaşadık; annen, ben, deden... Okula göndermedi. Çarşı, pazar, köy, bahçe yasaktı. Hiç arkadaşım olmadı. Tek arkadaşım annendi, onun tek arkadaşı da ben! Deden gider gelir döverdi. Annenin kırılan dişi, benim çatlayan bileğim... Görmediğimiz eziyet kalmadı kısacası...

Genç kız olduğumuzda yani evlenme çağına gelen bir kız olduğumuzda deden bizi evlendirmeye karar verdi. Nasıl bir evlendirmek biliyor musun, 'Bununla evleneceksin, o kadar!' Köle gibi yani! Çocukluğumuz köle gibi geçmişken hayatımızın geri kalanı da öyle geçsin istiyordu!"

"Teyze, ne diyorsun sen? Ben gerçekten şoktayım!"

"Yeğenim, her şeyi baştan sona anlatacağım. Artık gerçekten duyman gereken şeyler var! Her şeyi doğruca anlat demedin mi sen?"

Eniştesi hemen araya girdi, "Emin misin, Merve?"

"Eminim..."

"Teyze, enişte. Lütfen. Yeter! Anlatın!"

"Bir gün deden yanımıza geldi ve seni istemeye gelecekler, dedi. Hangimizi istemeye geleceklerini bakışlarından anladık! Annenmiş, yeğenim... Geldiler, istediler, düğün kuruldu..."

"Babamla evlendiği gün mü o gün?"

"Hayır. Babanla kaçtığı gün, yeğenim... Anneni istemeye gelen, eniştenin ailesiydi fakat annen beğendiği, daha önce konuştuğu bir kişiyle kaçtı!"

"Ne diyorsun teyze sen, ne eniştesi?"

Eniştesi hemen araya girdi, "Ben kim olduğunu görmemiştim ki teyzen anlatınca anladım. Ben teyzeni de anneni de görmemiştim, yeğenim. Dur, dinle. Bölme teyzeni..."

"Annen evlenmek istemeyip kendi hayatını kurmak için köyün delikanlılarından biriyle kaçtı. Annen benim gibi değildi; daha cesur, daha korkusuzdu. Çok daha güzeldi benden... Keşke annen gibi ben de yasaklara karşı gelseydim ama yapamadım!"

"Annemle babam, teyze? Annemle babam?"

"Kaçtılar yeğenim. İşte annen dedenin işkencesinden ve prangasından, o konaktan kurtulmak için hiç tanımadığı birisine çaresizliğinden kaçtı. Mutlu olacak sandı ama yanıldı. Kaçtıklarında kalacak yer dahi bulamamışlardı. Konağa geri dönmek istediğinde içeri alınmayacaklarını anladılar. Baban da dededen hiçbir para koparamayacağını anlayınca annene işkence yapmaya başlamıştı. Annen yağmurdan kaçayım derken doluya yakalandı maalesef."

"Hani babam iyi biriydi teyze!"

"Gerçekleri anlat dedin, cesaret edip anlatıyorum. Beni yargılama..."

"Devam eder misin teyze?"

"Sonra annenle baban bir apartmanda kapıcı olarak işe başlamış fakat sadece annen çalışmış, baban her gün sabahtan akşama kadar alkol tüketiyormuş. Her gün anneni miras yüzünden suçlu görüp ceza olarak da dövüyormuş fakat annen senin için her şeye katlanmış. Sana gelecek kurabilmek için..."

"İnanamıyorum! İnanamıyorum teyze! Peki ben engelli doğunca anneme daha çok zulüm etmiş mi? Beni istememiştir kesin!"

Eniştesi o an ağzından bir cümle kaçırdı. Başını ellerinin arasına alarak, "Sen engelli doğmadın ki!" dedi.

O an tüm dünyası başına yıkıldı... Bu inanılır gibi bir cevap değildi. Eniştesi bunu söylemek istememişti fakat ağzından kaçmıştı artık...

Sözün dönüşü yoktur. Ağzınızdan çıkana dikkat edeceksin dostum unutma ki söz öldürür...

"Şimdiye kadar bildiğim her şey yalan mıydı? Ne diyorsun enişte sen! Nasıl yani engelli değildim? Bu ayaklarım, bu bacaklarım neredeler enişte o zaman, nerede!"

Teyzesi gözyaşları içinde, "Yeğenim, sakin ol. Lütfen dinle. Sen sağlıklı bir bebekmişsin. Ben hiç görmemiştim tabii, annenden dinledim bunları. Sen iki buçuk üç yaşlarındayken, evde bir gün top oynadığın sırada babanın hazırladığı litrelerce alkol şişesini topla devirmişsin..."

"Teyze ne diyorsun, söylesene?"

"Sese uyanan baban ayaklarını kırmaya, ayaklarında zıplayama, tepinmeye başlamış. Oldu mu yeğenim, oldu mu?"

Gülümseme kalkanı vardı ya dostum, o artık tamamen yok oldu...

İçinde bir şey vardı ya, o tekrar gün yüzüne çıktı...

"Ama teyze nasıl... Babam mı?"

"Evet, maalesef baban, teyzeciğim. Bunları anlatmak kolay değil, senin dinlemen hiç kolay değil ama gerçek bu... Annenle komşular yetişmese, belki de o an ölecektin. Allah'a şükür yaşıyorsun... Seni hemen hastaneye yetiştirmişler. Yurt dışında pahalı bir ameliyat olman gerekmiş; yoksa kangren olup bacaklarının kesileceğini söylemişler..."

"Ondan mı yani? Parayı mı bulamadılar teyze..."

"Yok, annen parayı buldu. Ne yaptı, ne etti buldu... Hatta babasının onu öldürmesini göze alıp konağa bile geldi. Deden yardım etmese de annen o parayı bir şekilde buldu..."

"Sen de mi yardım etmedin teyze!"

"Ettim yeğenim. Eniştenle birlikte tüm altınlarımızı verdik. Fazlasına bile denk geliyordu. Hatta anneni biz şehre bıraktık, ameliyat parasını bozdurduk. Her şeyi hallettik... Annen eve döndüğünde baban bin pişman bir hâldeymiş, seni ameliyata götürmek için o da para bulmuş, anneme seni götüreceğini söylemiş ve biletleri, hastaneyi falan ayarlamıştı..."

"Teyze, ameliyata gitseydim bu sandalyede oturuyor olmazdım sanırım!"

"Maalesef öyle... Baban seni götürmek için evden ayrılmış fakat uçağa hiç binmemiş yeğenim..."

"Bunları yapan benim babam mı, teyze? Nasıl olabilir? Bir insan evladına..."

"Keşke bu kadarla kalsa... Daha fazla anlatmak istemiyorum. Bu kadarı fazla..."

"Hayır teyze ben iyiyim dinlemek istiyorum..."

Eniştesi, "Devamını anlatmayalım..."

"Hayır enişte, lütfen. Gerçekten iyiyim..."

"Baban seni tedavi ettirmek yerine sınırda insan ticareti yapan ve çocuklara dilencilik yaptıran bir çeteye satmış..."

"Sözün bittiği yer burası teyze sanırım."

"Yok, değil."

"Bir baba... Bunu nasıl yapar... Hangi baba yapar teyze... Ve ben nasıl şu an buradayım? Annem... Anneme ne oldu teyze?"

"Annen... Seni yıllarca, hiç durmadan aradı. O sınır köylerinde yaşadı yıllarca..."

"Nasıl yani, teyze? Annem beni buldu mu?"

"Yok, teyzeciğim. Seni ben buldum. Annenle birlikte yıllarca aradık fakat annenin kalbi dayanamadı... Son nefesine kadar seni sayıkladı. Tek dileği sana kavuşmaktı ama olmadı... Üç yıl kadar seni aradık ama onun ömrü sana kavuşmaya yetmedi..."

"Babam... Babamın mezarını da gösterdin teyze!"

"O mezar babana ait değildi. Babana ne olduğunu hiçbir zaman öğrenemedik... O gün paralarla kaçtı, bir daha haber alamadık... Almak da istemedik."

"Beni nasıl buldun, teyze?"

"Kolundaki izin aynısından annende de vardı yeğenim..."

"Teyze, bana bu kadar yalanı nasıl söylediniz? Bunu bana nasıl yapabildiniz? Babamın mezarı diye götürdüğünüz yerde ben neler konuştum, biliyor musunuz siz! Annemle babam hakkında nasıl bu kadar yalan söylersiniz?"

"Anlayacak yaşta değildin ki nasıl anlatsaydık? Travmaların geçsin diye ne kadar uğraştık biliyor musun... İyileşmen gerekiyordu..."

"Şimdi iyi miyim yani teyze? İyileşmiş olduğuma nasıl karar verdiniz! Miras geldi diye mi?"

"O senin hakkın, bizim değil yeğenim!"

"Ne hakkından bahsediyorsunuz teyze siz? Annemin ölümüne neden olan kirli para mı hakkım? Bunca yalanla yaşamama sebep olan para mı hakkım? Ayaklarımın parçalanmasına sebep olan para mı hakkım? Bana nasıl bu kadar yalan söylersiniz? Sizi affetmeyeceğim! Asla!"

Ve kendini odaya kapattı... Aslında geçmişine kapattı!

Kapıyı uzun süre açmadı. Üç dört gün boyunca kapısına bırakılan yemekleri almak için dahi kapıyı açmadı.

Dört gün sonunda teyzesi Merve, "Bak, ne dersen tamam, ne istiyorsan tamam. Say, bağır, çağır, içini dök, tamam ama şunları unutma, biz seni asla kandırmadık! Senden başka hiçbir şeyimiz yok bizim, tüm ömrümüzü sana adadık! Sen şimdi diyorsun ki bana yalan söylediniz. Evet, söyledik yeğenim, söylememiz gerekiyordu... Senin için yaptık, kendimiz için değil... Biz seni yalandan mı seviyoruz sence? Yalandan mı yıllarca seninle ilgilendik? Yalandan mı sırtımda taşıdım seni? Yalandan mı ağladım senin için? Yalandan mı sınırlarda aradım, buldum, peşinden geldim yeğenim... Hepsine yalan diyorsan tamam... Bu yemeğini de almazsan sana diyecek sözüm yok. İyi düşün yeğenim..." dedi ve ağlayarak gitti o kapıdan... Dört gün sonunda o kapıdan yemek alınmıştı... Çünkü biliyordu, ne olursa olsun o sevgi, o ilgi yalan değildi!

**Ne söylediğin önemli değildir;
ne hissettirdiğin önemlidir.**

Bir ay geçti. Sadece yemek alacağı zaman kapıyı açıyor, boşları kapıya geri koyuyordu. Olacak iş değildi. Artık kendini tamamen odasına hapsetmişti... Ne eniştesi ne teyzesi bir aydır sesini bile duymamıştı... Dört beş sene boyunca konuşmasını bekleyen o teyze bir aydır sesini duymamasına harap olmuştu çoktan. Dayanacak gücü de kalmamıştı... Ablasına verdiği sözü tutmuştu ama en sonunda her şeyi mahvetmişti. Yeğenini karanlık geçmişiyle yüzleştirmiş ve orada onun yok olmasına sebep olmuştu. Merve artık böyle hissediyordu...

Evdeki mutluluk çoktan yok olmuştu. Enişte de artık az yemek yiyor ve az konuşuyordu...

"Ben nasıl düzelteceğim bunu?"

"Merve, çocuğa zaman ver... Duyduklarını hazmetmesi kolay mı sanıyorsun? Hem babasıyla hem geçmişiyle yüzleşti. Bir babanın evladına bunları yapması ne kadar ağır, düşünsene bir. Allah'tan çok güçlü bir çocuk, düzeleceğine inanıyorum. Hem onu yalnız bırakmayız..."

"Konuşmuyor benimle. Bir ay oldu..."

"Benimle de konuşmuyor, güzel eşim... Sabret, inan bana onu nasıl sevdiğimizi iyi biliyor..."

"Ya dediği gibi bir daha bizimle asla konuşmazsa..."

"Aslında şey... Bir planım var."

"Nedir bey, anlatsana."

"Elfida'ya mı gitsek? Onunla konuşur sanki..."

Ertesi sabah ilk işleri koşa koşa Elfida'ya gitmek oldu. Elfida'nın annesi kapıyı açtı ve onları görünce şaşırdı.

"Yeğeninize bir şey mi oldu?"

Merve soruyu anlamayarak, "Niye böyle dediniz?"

"Elfida haber alamadığı için çok üzgün ve evden çıkmıyor..."

"Yok, yeğenim iyi fakat Elfida'yla bir konu hakkında görüşmem gerekiyor. Müsaadeniz olursa."

Annesi Elfida'yı çağırdı. Balkonda oturdular fakat annesi gitmek istemiyordu. Elfida annesine biraz müsaade etmesi için ricada bulundu ve annesi gitti.

"Elfida, güzel kızım. Yardımına ihtiyacımız var..."

"Ne oldu, Merve Teyze?"

"Yeğenim... Yeğenim iyi değil. Kendini odasına kapattı ve çıkmıyor, konuşmuyor..."

"Nasıl yani, ne oldu ki?"

"Ona geçmişiyle alakalı tüm gerçekleri anlattık. O da kaldıramadı. Bizi suçlu gördü ama işin aslı öyle değil. Anlatamıyoruz, bizimle konuşmuyor kızım..."

"Ben ne diyebilirim ki Merve Teyze? Bu konuda ne yapabilirim?"

"Gel konuş kızım onunla. İki hafta sonra üniversite başlayacak. Odasından çıkmıyor. Bizimle konuşmuyorsa konuşmasın, tamam ama çıksın odasından kızım."

"Yani, bilmiyorum, beni dinler mi... Ne diyeceğim onu da bilmiyorum."

"İçinden ne geliyorsa onu söyle. Seni çok seviyor. Seni dinler, biliyorum..."

Elfida kıpkırmızı olmuştu.

"Teşekkürler, Merve Teyze. Elimden ne gelirse yaparım."

"Gelir misin benimle?"

O sırada Elfida'nın annesi geldi.

"Nereye geliyor, anlamadım?"

"Anne, bana izin ver. Merve Teyzelere gitmem gerekiyor."

Kadın istemese de Elfida cümlesini bitirir bitirmez hazırlanmak için gidip üstünü değişti, ışık hızıyla aşağı indi bile...

Merve yolda Elfida'ya dedesi, geçmişi, avukat ile ilgili kısa bilgiler vermişti.

Eve geldiler. Teyzesi odayı gösterdi ve hemen uzaklaştı...

Elfida kapıyı çaldı ama ses gelmedi. Tekrar çaldı, ses gelmedi...

Elfida, "Ben Elfida. Orada mısın?" dediğinde kapı açıldı.

İçeri girdi Elfida, "Hadi bakalım, benimle de konuşma..."

"Konuların seninle ne alakası var Elfida?"

"Ne bileyim. Kimseyle konuşmuyormuşsun..."

"Sen kimse değilsin."

"Teyzen ve eniştende kimse değil."

"Bu konuya girme Elfida"

"Gireceğim tabii ki. Odadan çıkmamak nedir? Üniversite başlayacak üniversite..."

"Hiç üniversite falan düşünecek hâlde değilim..."

"Bak, benim için değerlisin, biliyorsun. Seninle aynı üniversiteyi tercih ettim. Sırf senden uzak olmamak için... Şimdi kalkmış bana bunu mu diyorsun?"

"Diyecek bir şeyim yok..."

"Benim var! Bu odadan çıkacaksın ve beni dondurma yemeye götüreceksin. Her şeyi konuşacağız..."

"Çıkmak istemiyorum. Ayrıca hiçbir şeyin seninle ilgisi yok!"

"Teyzen ve eniştenin seni canlarından çok seviyorlar, bunu gayet iyi biliyorsun. Kaç kez de anlattın bana, ben de biliyorum. Onlardan nefret etmene sebep neyse ne! Böyle olmaz!"

"Biraz zamana ihtiyacım var..."

"Zaman falan yok. Depresyon da yok. Üniversite açılıyor ve seninle plan bile yapmadık."

"Zaman istiyorum. Lütfen..."

"Sana zaman veriyorum. Bir saat. Aşağıya inip seni bekleyeceğim. Beni dondurma yemeye götüreceksin. Bu kadar..."

Elfida ilk defa gerçekten sert bir ses tonuyla, emir verir tarzda bir cümle kurmuş ve odadan çıkıp gitmişti.

Bizim çocuk ne yapacağını bilmiyordu. Aklı allak bullaktı ama ondan bir şeyler isteyen Elfida'ydı... Ne kadar karşı koyabilirdi ki? Son ana kadar bekleyip aşağı indi ve evden çıktılar.

"Bana dedemden miras kaldığını anlattılar mı sana?"

Elfida her şeyi bilse de bunu bildiğini belli etmeden, "Hayır ama güzel bir haber değil mi bu?" dedi.

"O parayı almayacağım!"

"Neden?"

"Çünkü para yüzünden yaşananları dinledikçe parayı almanın doğru olmadığına karar verdim."

"Nasıl yani?"

"Kötü para yani..."

"Bence yanılıyorsun. Para yalnızca kötü ellere geçerse kötülüğe hizmet eder. Sence sen kötü biri misin ki para senin eline geçince kötü olsun?"

"Ne yapacağım o kadar parayı zaten, istemiyorum."

"Seninle hayal kurma zamanımız geldi sanırım. Hiç hayal kurmadık."

"Evet, kurmadık. Doğru zaman da değil sanırım, iyi değilim."

"İyisin iyi... Hani bir gün okul bahçesinde bir kedi bulmuştum ve sen onu gizlice sınıfa sokmak için bacağını kapatmak amacıyla kullandığın battaniye altına saklamıştın. Üşümüş bir kediye yardım etmek nasıl güzeldi, değil mi?"

"Harikaydı, evet..."

"Yine öyle düşün. O parayla ihtiyacı olan insanlara ihtiyacını verebilirsin. Bir sürü insana yardım edebilirsin. Yeniden hayata bağlanmalarına sebep olabilirsin."

"Ama..."

"Ama yok! O para senin değildi ama güzel kalbin için sana geldi. Sen de onu doğru yerde kullanabilirsin. Ben de yanında olacağım. Bunu bil ve şunu unutma; o gün o kediyi sen soğuktan kurtardın. Şimdi bir evde, komşumuzun evinde, kocaman oldu. Biliyorsun... Ölecekti. Onu sen kurtarmıştın. Hatırlasana..."

1 Hafta Sonra

Konağa gittiler, dostum. Teyzesi eniştesi... Her şeyin başladığı ama hiçbir şeyin güzel sonlanmadığı o konağa... Annesi burada dünyaya gelmişti fakat bu dünya annesine güzel hiçbir şey göstermedi... Teyzesi, biricik teyzesi o konağın kapısından adım atarken zorlandı. Çok zorlandı, dostum. Girmek istemedi ama girdi. Konak bildiğiniz gibiydi... Çok büyük bir arazide çok büyük bir konak... Hayvanlar, ahırlar, bahçeler, mevsim sebzelerinin yetiştirildiği küçük çayırlar... Bizim çocuk hayretler içerisinde kaldı. Etrafı izledi.

"Teyze, bir şey soracağım."

"Tabii, yeğenim."

"Sizin neden çocuğunuz yok? Hep merak etmişim'dir. Bir kuzenim olsa da bu konakta beraber yaşasak ya..."

"Olmadı ama Allah seni bize bağışladı. Seni evlat olarak gördük..."

"Ama bunu kastetmediğimi biliyorsun..."

"Yani denedik, olmadı. Babam da tedavi için yardımcı olmamıştı. Daha doğrusu, söylememiştik. Para biriktirdik, tedavi ayarladık ama..."

"Ama babam parayı aldı, beni satıp kaçtı, değil mi teyze?"

"Olsun. Sen geri döndün. Bu bize yeter..."

"Dedemin odasını gösterir misin teyze?"

Merve yeğenini odaya götürerek, "Burası, yeğenim. Anahtarı duvarda asılıdır." dedi ve duvarda asılı duran tüfeğin altındaki oyuğa parmağını sokup anahtarı içinden çıkardı.

Kapıyı açtı ve "Bu odaya ilk defa giriyorum. Bizim girmemiz yasaktı." dedi.

Odaya meraklı bakışlarla girdiler. Annesini ilk defa o an gören bir çocuk hayal et, dostum. O da fotoğraftan... O da dört beş yaşlarına ait bir çocukluk fotoğrafı, dostum. Burnu, bakışları aynı annesine benziyordu... Çocukluk hâlinden anlaşılır insanın bakışları. Nasıl masum...

"Bak. Bu, deden. Bu, anneannen. Bu, ben. Bu da annen."

"Anneme benziyormuşum be teyze."

"Evet, kesinlikle."

"Bu mirası alacağım, teyze. Bu para, bu konak hepinize zulüm olmuş. Bu zulmü iyilikle değiştireceğim. O parayı tamamen iyilik için kullanacağım."

"Annen yaşasa, şu cümleleri duysa seninle gurur duyardı."

Sarılıp ağladılar...

Konak gezisinden sonra şehre geri döndüler. Bizim çocuk, avukatın verdiği evrakları imzaladı ve avukata geri yolladı. Ertesi hafta üniversiteye kayıt da yaptırdı. Başarılı bir mühendis olmak istiyordu... Geçmişin acılarından kurtulmanın en basit yolu geleceğe umutla bakmaktır. Umut ederken hayal kurmaktır. Bizim çocuk da tam bunu yapıyordu, aslında bunu çocukken öğrenmişti fakat o hatırlamıyordu...

Engel sadece zihnin içindeki bir
düşünceden ibarettir ve insan isterse
imkânsızın ötesine geçebilir.

Erkut böldü.

"İşte benim ilhamım bu hikâye. Aslında bu hikâyenin sonunu farklı bir şekilde anlatacaktım fakat vazgeçtim. Aslında anlatmanın en kolay yolunu göstermek istiyorum." deyip gömleğinin kolunu sıyırdı ve doğum lekesini gösterdi.

"Evet, evet. O kişi bendim! Baştan beri ismimi yanlış söyledim bilerek, size aslında başkasının hikâyesi gibi anlatıp bitirecektim fakat vazgeçtim şunu bilin ki BEN başardım! Başkaları için imkânsız gözüken her şeyi belki de çocuk yaşta yaşadım! Ama bırakmadım hayatı, vazgeçmedim hayattan! Bakın, şimdi dimdik ayakta duruyorum. Size başkasının hikâyesi gibi anlattığım bu hikâye tamamen bana ait... Allah benden iki ayak aldı ama binlerce ayağa yardım etmemi sağladı! Bugüne kadar asla protez takmayı düşünmemiştim ama bu konuşma için sizlerin karşısına ayaklar üstünde çıkmak istedim...

Ve size Elfida'yı tanıştırmak istiyorum. Sevgili eşim, Elfida..."

Ağlama sesleri salonu rehin almıştı...

O seslerin arasından Elfida çıkageldi ve "İyi ki varsın, biricik eşim." deyip Erkut'a sarıldı...

Erkut eşinin elini tutarak devam etti.

"O olmasaydı başaramazdım denir ya, tam da öyle... Engelini hatırlatan değil de onu unutturan diyelim... Seni bulduğum için, sana denk geldiğim için çok şanslıyım..."

Gözünden birkaç damla akan Erkut devam etti.

"Sizi, hepinizi, hepimizi dimdik ayakta durmaya davet ediyorum! Her şey değişir. Bir insan değiştirir, zaman değiştirir, şartlar değiştirir ama değişir! Yılmak yok, durmak yok, vazgeçmek yok! Bizleri hayatın dışına iten tüm zorluklara rağmen devam eden, üreten, seven, sevilen, normal bireyler olmaya devam etmeliyiz! Bunu kabullenmek zorunda kalacaklar çünkü gerçek bu! Biz ne eksiğiz ne fazlayız. Başına sadece ufak, kötü bir şey gelmiş kişileriz. Bizler beraber güçlüyüz, hiç unutmayın...

Şimdi tekrardan anne babamı davet etmek istiyorum. Hepiniz hayret içerisindesiniz, annem ve babam hakkında merak duyuyorsunuz, biliyorum...

Teyzem ve eniştem. Evet, onlar benim annem ve babamdır!"

Teyze ve enişte sahneye çıktı ama ikisi de çok fena hâlde ağlamaklıydı...

"Neden ağlıyorsun hâlâ?" diyerek teyzesine baktı Erkut...

Merve, "Bana ilk defa anne dedin, ondan ağlıyorum... Ben senin annene söz vermiştim, bunu biliyorsun. Bu kelimeyi sesli olarak duyunca bu sözü tuttuğumu yüreğimin en derininde hissettim... Annen bizi bir yerden duyuyor ve izliyor, eminim. Ondan özür diliyorum. Seni çok seviyorum. İyi ki benim oğlumsun!" dedi.

Gözyaşları tüm salonu aldı götürdü. Peşinden dakikalarca alkışlar sürdü...

Aralarından biri çıkmıştı; tüm zorluklara, tüm düşüncelere meydan okumuş, engelli diye ötekileştirilmeyi aşmış, büyük başarılara imza atmıştı... Bu, salondaki herkesin gururuydu... O yapabiliyorsa herkes yapabilirdi. Bunu gösteriyor, bunu söylüyordu...

"İşte böyle, dostum... Bu hayat böyledir, kalbini temiz tuttuğun sürece kadere iyi olduğunu gösterdiğin sürece ne kadar kötü şeyler de yaşasan sana dönüp dolaşıp iyiliğini, güzelliğini bir şekilde gösterir. Ben çok şey yaşadım ama kader, hayat ve Allah benden, hafızamdan bunu silip attı. Hiçbirini hatırlamıyorum. Evet, hasarları hâlâ duruyor ama başardım... Binlerce insanın hayatına dokunabildim. Başarabildim. Evet, yardımlar sayesinde. Evet, destekler sayesinde. İnsanız; düşmez kalkmaz bir Allah var, yardım ve destek gereklidir. Uzun lafin kısası, yılmak yok... İyilikten vazgeçmek yok... Kendine yapılan kötülük karşılıksız kaldı sanırsın ama kalmaz... Sen unutursun ama Allah unutmaz..."

***

Duygu dolu bir akşamın ardından eve döndüm, dostum... Aklımda hâlâ hikâyemi en ince ayrıntılarına kadar anlattığım bir salon dolusu insanın güzel sözleri ve bana cesaret vermek isteyen alkışları yankılanıyordu. Özel hemşire beni kapıda karşıladı.

"Ne oluyor hemşire hanım, nedir bu panik?"

"Lütfen içeri gelin, Erkut Bey. Sabahtan beri anlamsız sesler çıkararak bağırıyor, hiçbir şey anlamıyoruz. Dayanılmaz bir hâle geldi. Sizi iki defa aradım ama ulaşamadım."

"Hemen ilgilenirim ben. Sakin olun..."

Salonun ortasına kurulmuş, etrafı cihazlarla dolu bir yatak... Yatakta bağırmaya devam eden bir adam...

Kim o adam, dostum?

Bir saniye bile zerre sevinmedim, hep üzüldüm bu duruma... Babam o benim... İşte iyi insanlarla kötü insanlar arasındaki fark budur... Sana ne kötülük etmişse etmiştir ama sen bir kötünün bile acılar çektiğini gördüğün an sevinemezsin, üzülürsün! Ben de öyle üzüldüm, dostum...

"Baba, çok yormuşsun herkesi. Neden böyle yapıyorsun?" desem de ses edemedi...

Hani ben yıllarca konuşamadım ya, aynı öyle dostum. Maalesef...

Garip sesler çıkardığı esnada hemşireye ağrısı olabilir mi diye sordum ama yaşadığı ağrılar, kötü kalbinin vücuduna yansımasından kaynaklanıyorsa o ağrılar ömür boyu geçmezdi.

Ben dilencilik yaparken o hapse atılmış, dostum... Hapiste de öyle bir şiddete maruz kalmış ki felç olmuş. En sonunda bize ulaştılar, ben de gittim aldım babamı...

Nefret sevgiyi, iyiliği yenemez dostum. Yenemez! Babam bana bakma sorumluluğunu almamış ama ben babama bakma zorunluluğunu aldım... Ne konuşabiliyor ne ayağa kalkabiliyor... Ne tedavisi var ne başka bir şey ama şunu söyleyeyim; yalnızca iyilik yapıyorum, geri dönüşü olacağını iyi biliyorum! Eyvallah...

Değerli dostum, kitap hakkındaki görüşlerini Instagram'da @e.e.nemutlu adresine mesaj atabilirsin. Görüşlerin benim için fazlasıyla değerli ve kıymetlidir.

Instagram hesabımda bir sorun olduğu için iki senedir mesaj gelmiyordu. Sizin için yeni bir hesap açtım, yeni hesabıma aşağıdaki QR kodunu okutarak ulaşabilirsiniz. Mesajlarınızı bekliyorum.

Saygılarımla.

Ethem Emin Nemutlu

"Ölmeden önce ölmek" fikrini benimseyen, intiharlar kuşanan ve otuz senedir cezaevinde olan bir kadın...

Hasret Kurtuluş; uyuşturucu bağımlısı, kocasını öldürmekten hüküm giymiş ve hayattan çoktan vazgeçmiş bir kadındır. Yine bir intihar girişiminin ardından psikoloğun yolunu tutar. Bu sefer psikolog farklı biridir. Hapishanede bir hastaya ilk kez bakan Psikolog Efe Taşçı, Hasret'in hayat hikâyesini dinledikten sonra ona yardım etmeye karar verir. Bu yardımlar doğrultusunda hüzün ve umudun iç içe geçtiği bir hikâye başlar.

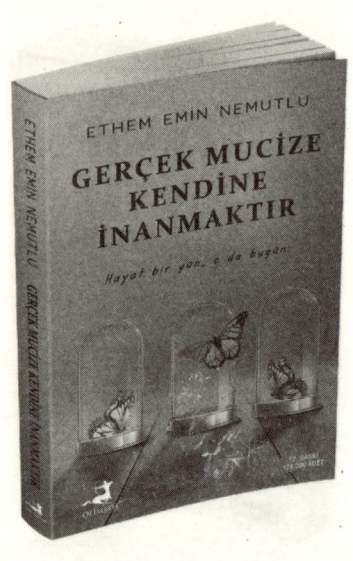

Ne mutlu olmak için ne de hayatını değiştirmek için asla geç kalmış sayılmazsın!

Bugünü, tam da bugünü hayatının en iyi günü yapabilmek senin elinde; nefes alıyorsun, yaşıyorsun, dert, sıkıntı geldi diye ölmüş sayılmazsın!

Başarısızlıktan asla korkma, gelecek sene şu an olduğun yerde kalmış olmaktan KORK!

Dünü unut, bitti, geçti, gitti; elinde bugün var, kıymetini bil ve hiçbir şeyi yarına bırakma!

"Yarına bırakma, bakarsın yarın olur da sen olmazsın!"

Unutma, yaşanmış bir an yaşanmamış bir hayalden daha güzeldir!

Zamanı geldi, bugün o gün!

Kadın mısın, erkek misin, çocuk musun umurumda değil!

Kalk ve silkelen.

Ertelemekten vazgeç, cesaretlen.

Hayat ertelenecek kadar uzun değil dostum, bugününü sahiplen!

Her şey güzel derken başına öyle şeyler gelir ki "Yandım!" dersin, "Bittim!" Düşersin...

İşte o an, içindeki iyilik çıkıp gelir ve kapını çalar. "Kalk!" der, "kalk!"

Tutar elinden, karanlığı yırtar ve seni güzel günlere götürür. Korku nedir bilmez iyilik.

Aydınlık, karanlıktan korkar mı hiç?

Kötü günler ile karşılaştığında iyi niyetten başka!

Niyetin ne kadar iyiyse, Allah o kadar seninle.

Nasibin ise niyetinde gizli...

Alsa da elinden yoğunu varını, döner dolaştırır geri verir sana hakkını!

Olmaz deme asla!

Olur!

Unutma ki Allah isteyince, kuşlar filleri yener azizim!

İnsanın kaderinde öyle bir kırılma noktası vardır ki tam isyan edeceğin an, evet, işte o an ufacık bir dua ile kaderinin yönünü avuçlarındaki gözükmeyen tılsımla değiştirebilirsin. Her gecenin nasıl bir sabahı varsa her derdin de bir sonu var. Düştükten sonra kalkacak ve üstünü silkeleyip tekrar devam edeceksin koşmaya... Ve unutmayacaksın ki Allah yanında, seninle birlikte... Eğer yüreğinde Rabb'in varsa, bu hayatta kimseye ihtiyacın yok demektir. Her şer denilen şeyin içinde kocaman bir hayır var, sakın unutma.

Hz. Mevlana'nın şu dizesi ne de hoştur aslında: "İyi değilim demek ne haddimize? Şükürler olsun her halimize!"